Robin Sharma

365 TÄGLICHE INSPIRATIONEN

Ich widme diese Sammlung von Zitaten aus den Büchern meiner Reihe *Der Mönch, der seinen Ferrari verkaufte* Ihnen, den Lesern. Man muss ein besonderer Mensch sein, der den Mut aufbringt, nach innen zu schauen und das Nötige zu tun, um ein Leben voller Authentizität, Fülle, Glück und Wunder zu schaffen. Dazu möchte ich Sie ermuntern.

Darüber hinaus widme ich dieses Buch meinen beiden Kindern.

Ich bin gesegnet, ihr Vater zu sein.

ROBIN SHARMA

365 TÄGLICHE INSPIRATIONEN

Bibliografische Information der Deutschen Nationalbibliothek
Die Deutsche Nationalbibliothek verzeichnet diese Publikation in der Deutschen Nationalbibliografie; detaillierte bibliografische Daten sind im Internet über http://d-nb.de abrufbar.

Für Fragen und Anregungen:
info@m-vg.de

Wichtiger Hinweis
Ausschließlich zum Zweck der besseren Lesbarkeit wurde auf eine genderspezifische Schreibweise sowie eine Mehrfachbezeichnung verzichtet. Alle personenbezogenen Bezeichnungen sind somit geschlechtsneutral zu verstehen.

2. Auflage 2024

ein Imprint der Münchner Verlagsgruppe GmbH
Türkenstraße 89
D-80799 München
Tel.: 089 651285-0

Die englische Ausgabe erschien 2007 bei HarperCollins Publishers Ltd. unter dem Titel *Daily Inspirations from the Monk Who Sold His Ferrari*.

Übersetzung: Hans Freundl
Korrektorat: Matthias Höhne
Umschlaggestaltung: Marc-Torben Fischer, München
Umschlagabbildung: Mönch, iStockPhoto
Linie im Innenteil: Shutterstock.com/Mirgunova
Satz: ZeroSoft, Timisoara
Druck: GGP Media GmbH, Pößneck
Printed in Germany

ISBN Print 978-3-95972-611-5
ISBN E-Book (PDF) 978-3-98609-151-4
ISBN E-Book (EPUB, Mobi) 978-3-98609-152-1

INHALT

JANUAR

WIRKUNG UND VERMÄCHTNIS

PERSÖNLICHE GRÖSSE

1. Januar

Als ich aufwuchs, übersetzte mein Vater einmal einen Spruch aus dem Sanskrit und sagte etwas zu mir, das ich nie vergessen werde: »Mein Sohn, als du geboren wurdest, hast du geweint, während sich die Welt freute. Lebe dein Leben so, dass die Welt im Moment deines Todes weint, während du dich freust.« Wir leben in einer Zeit, in der wir vergessen haben, worum es im Leben geht. Wir können ohne Weiteres einen Menschen auf den Mond bringen, aber es fällt uns schwer, über die Straße zu gehen, um mit einem neuen Nachbarn zu reden. Wir verfügen über technische Geräte, die es uns ermöglichen, in Verbindung zu bleiben, und doch waren wir Menschen noch nie so wenig miteinander verbunden. Wir wissen mehr als je zuvor, aber wir wissen auch weniger darüber, was es bedeutet, wirklich großartig zu sein – als menschliches Wesen.

2. Januar

Sinn ist der stärkste Motivator auf der Welt. Das Geheimnis der Leidenschaft ist in der Tat die Absicht.

3. Januar

Erfolg kann man nicht anstreben, Erfolg stellt sich ein. Er ist das unbeabsichtigte Nebenprodukt von Bemühungen, die auf eine gute Sache gerichtet sind.

4. JANUAR

Das Wort *Pflicht* wird in unserer Kultur oft negativ verstanden. Viele Menschen mögen die Vorstellung davon nicht, weil sie das Gefühl haben, dass eine Pflicht sie einschränke und sie daran hindere, im Augenblick zu leben. Für mich hingegen steht das Wort *Pflicht* für Freiheit und Glück. Und im Hinblick auf Leadership und authentischen Erfolg geht es darum, das Richtige zu tun und nicht das, was einfach ist.

5. Januar

Sobald Sie sich mit einem höheren Ziel in Ihrem Leben verbinden, werden entsprechend Leidenschaft und Energie freigesetzt. Das Geheimnis, wie Sie ein außergewöhnliches Maß an Leidenschaft in Ihrem Leben entwickeln können, besteht darin, Ihren höheren Sinn zu entdecken. Wenn Sie Ihre Berufung gefunden haben, erfasst Sie die Begeisterung. Und Sie beginnen, sich für etwas einzusetzen, das über Sie selbst hinausreicht.

6. JANUAR

Schauen Sie sich Menschen an, die eine Sache entdeckten, der sie ihr Leben widmeten – Menschen wie Benjamin Franklin, Mahatma Gandhi, Martin Luther King Jr., Mutter Teresa, Albert Einstein oder Nelson Mandela. Sie begaben sich auf eine regelrechte Odyssee, für die sie ihr Leben einzusetzen gewillt waren. Sie waren mit ihrem Herzen bei der Sache. Dadurch wurden sie von ihrem Tun emotional ergriffen. Und wenn Sie sich nicht nur intellektuell, sondern auch emotional für eine Sache engagieren, wächst Ihre Begeisterung, und Ihre Energie erhält einen gewaltigen Schub.

7. JANUAR

Verbinden Sie sich mit einer überzeugenden Sache in Ihrem Herzen, nicht in Ihrem Kopf. Und dann schnallen Sie sich an, denn Ihr Leben wird Fahrt aufnehmen. Der Verstand kann ein Begrenzer sein. Die Emotionen hingegen sind der Befreier.

8. JANUAR

Sie können Ihr Anliegen – den Fixstern Ihrer Odyssee, sozusagen – genau dort finden, wo Sie sich gerade aufhalten. Niemand muss seinen Job aufgeben, um etwas zu finden, das sein Herz berührt und ihn begeistert. Oft reicht es aus, die Dinge anders zu sehen. Und den ersten Schritt zu tun. Und zwar heute.

9. Januar

Eine Sache, für die man sich engagiert, setzt Energie frei – ganz gleich, ob es darum geht, jenen Männern und Frauen, die Ihnen Aufträge erteilen, außergewöhnliche Erlebnisse zu verschaffen, oder darum, die Welt zu retten. Alle bemerkenswerten Schöpfungen beginnen mit Energie – und mit Engagement. Nehmen Sie sich vor, bei allem, was Sie tun, außergewöhnlich zu sein.

10. Januar

Finden Sie Ihre Herzensangelegenheit, und dann verrichten Sie Ihre Arbeit mit Stolz und Liebe – die Liebe ist eine unglaubliche Kraft für das Gute. Sie ist das Machtvollste, was es auf der Welt gibt.

11. Januar

In der Vergangenheit waren die meisten von uns mit einem Job zufrieden, der es uns ermöglichte, die Rechnungen zu bezahlen. Heute aber sehnen wir uns nach so viel mehr in unserer Arbeit. Wir wünschen uns Erfüllung, kreative Herausforderungen, Wachstum, Freude und das Gefühl, dass wir für etwas leben, das über uns selbst hinausreicht. Kurz gesagt: Wir suchen einen Sinn. Eine der besten Möglichkeiten, den höheren Sinn in Ihrer Arbeit zu finden, besteht darin, die Technik des kreativen Hinterfragens anzuwenden, um sich bewusst zu machen, welchen Einfluss Ihre Arbeit auf die Welt um Sie herum hat. Stellen Sie sich Fragen wie: Wer profitiert letztlich von den Produkten und Dienstleistungen meines Unternehmens? Oder: Welchen Unterschied machen meine täglichen Bemühungen? Wenn Sie damit anfangen, werden Sie die Verbindung erkennen zwischen Ihrer Arbeit und den Leben, die Sie berühren. Das wird Sie inspirieren.

12. Januar

Eines Tages hängte mein Vater ein Gedicht von Rabindranath Tagore an die Tür unseres Kühlschranks. Es lautete schlicht: »Der Frühling ist vorbei. Der Sommer ist vergangen. Und der Winter ist gekommen. Und die Lieder, die ich singen wollte, bleiben ungesungen. Denn ich habe meine Tage damit zugebracht, mein Instrument immer wieder neu zu stimmen.« Diese Worte handelten von einem Mann, dessen Herz mit Bedauern über ein nur halb gelebtes Leben erfüllt war. Der Zeitpunkt, um mit dem Aufbau Ihres Vermächtnisses zu beginnen, ist heute, nicht in zehn Jahren, wenn Sie »mehr Zeit haben«. Denken Sie darüber nach, was Sie in Ihrem Leben schaffen wollen und, was noch wichtiger ist, welches Geschenk Sie der Welt hinterlassen wollen, wenn Sie nicht mehr hier sind. Größe entsteht, wenn man etwas beginnt, das nicht mit einem selbst endet.

13. Januar

Halten Sie das Gleichgewicht zwischen Erfolg und Bedeutung. Was nützt es, Großes zu erreichen, ohne etwas zu bewirken? Am Ende unseres Lebens wird am wichtigsten sein, wer wir geworden sind – und was wir bewirkt haben.

14. JANUAR

Eine der zeitlosen Wahrheiten des Lebens lässt sich einfach formulieren: Wenn Sie sich von dem egoistischen Zwang zu überleben lösen und sich zu einer von Herzen kommenden Verpflichtung zum Dienen bekennen, wird sich überwältigender Erfolg in Ihrem Leben einstellen.

15. JANUAR

Der berühmte Erfinder Thomas Edison ist bekannt für seine Aussage: »Genie ist zu 1 Prozent Inspiration und zu 99 Prozent Transpiration.« Ich glaube zwar, dass harte Arbeit für ein wirklich erfolgreiches und erfülltes Leben unerlässlich ist, aber ich denke, dass ein tiefes Gefühl der Inspiration und das Engagement, etwas in der Welt zu bewirken, noch wichtigere Eigenschaften sind.

16. JANUAR

Eine der wichtigsten Lektionen für ein erfülltes Leben besteht darin, nicht mehr ständig dem Erfolg nachzujagen, sondern sein Leben der Suche nach Bedeutung zu widmen. Und dies lässt sich am besten bewerkstelligen, wenn man sich die einfache Frage stellt: »Wie kann ich anderen dienen?« Alle großen Führungspersönlichkeiten, Denker und Menschenfreunde haben ihr egoistisches Leben zugunsten eines selbstlosen Lebens aufgegeben und dabei all das Glück, den Reichtum und die Zufriedenheit gefunden, die sie sich wünschten. Freude kommt vom Geben.

17. Januar

Jeder Einzelne muss sich fragen, nicht nur als Vater oder Mutter, sondern als Mensch: »Wofür wird mein Leben stehen, wenn ich gestorben bin?« Wir müssen darüber nachdenken, welche Spuren wir hinterlassen werden und wie künftige Generationen erfahren werden, dass wir gelebt haben. Ich sage nicht, dass wir alle wie Mahatma Gandhi oder Mutter Teresa sein müssen. Das waren die Wege, die für diese Menschen vorgezeichnet waren – und diese Wege haben sie gewählt in ihrem Leben. Ich will vielmehr damit sagen, dass wir alle unser Leben so führen sollten, dass wir über uns selbst hinauswachsen können.

18. JANUAR

Allzu oft versuchen die Menschen, ihr Leben rückwärts zu leben: Sie verbringen ihre Tage damit, nach den Dingen zu streben, die sie glücklich machen, anstatt die Weisheit zu erlangen, dass Glück kein Ort ist, den man erreicht, sondern ein Zustand, den man sich schafft. Glück und ein Leben in tiefer Erfüllung entstehen, wenn Sie sich aus dem Innersten Ihrer Seele heraus dazu verpflichten, Ihre besten Talente für einen Zweck einzusetzen, der das Leben anderer Menschen verändert. Wenn Sie Ihr Leben von allem Ballast befreien, wird sein wahrer Sinn deutlich: Sie leben für etwas, das über Sie selbst hinausweist. Einfach ausgedrückt: Der Sinn des Lebens ist ein Leben mit Sinn.

19. Januar

Nichts zerstört das Herz so sehr wie die Erkenntnis, dass man die Chance hatte, das großartige Potenzial in sich zu entfalten, sich jedoch geweigert hat, diesen Ruf anzunehmen.

20. JANUAR

Wir alle besitzen besondere Talente, die nur darauf warten, für eine lohnenswerte Aufgabe eingesetzt zu werden. Wir sind alle aus einem einzigartigen Grund hier, für ein edles Ziel, das es uns ermöglicht, unser höchstes menschliches Potenzial zu entfalten, während wir gleichzeitig einen Mehrwert für das Leben der Menschen um uns herum schaffen. Ihre Berufung zu finden, bedeutet nicht, dass Sie Ihren jetzigen Job aufgeben müssen. Es bedeutet lediglich, dass Sie mehr von sich selbst in Ihre Arbeit einbringen und sich auf die Dinge konzentrieren sollten, die Sie am besten können. Entscheiden Sie sich heute, in dem, was Sie tun, brillant zu sein. Und auch darin, wie Sie leben.

21. Januar

Äußerer Erfolg bedeutet nichts, wenn Sie nicht auch im Inneren Erfolg haben. Es gibt einen großen Unterschied zwischen Wohlbefinden und Wohlstand. Der Mensch, der ein reiches Innenleben hat, ist der reichste von allen.

22. JANUAR

Die fröhlichsten, dynamischsten und zufriedensten Menschen dieser Welt unterscheiden sich physisch nicht grundsätzlich von Ihnen oder von mir. Wir sind alle aus Fleisch und Blut. Wir haben alle den gleichen, einheitlichen Ursprung. Doch diejenigen, die mehr tun, als nur zu existieren, die ihr menschliches Potenzial entfalten und den magischen Tanz des Lebens wirklich auskosten, tun andere Dinge als diejenigen, deren Leben gewöhnlich ist. Dazu gehört vor allem, dass sie eine positive Einstellung zu ihrer Welt entwickeln und zu allem, was in ihr ist. Wo andere Widrigkeiten sehen, sehen sie Chancen.

23. Januar

Menschen, die sich selbst als großartig betrachten, erzielen auch großartige Ergebnisse. Selbstachtung ist etwas Wunderbares.

24. JANUAR

Ihr Leben ist ein kostbarer Schatz, und Sie sind so viel mehr, als Ihnen bewusst ist. Das Leben, das Sie heute leben, muss nicht das Leben sein, das Sie morgen führen. Treffen Sie eine Entscheidung. Machen Sie einen Sprung. Erheben Sie sich über Ihre Lebensumstände und erreichen Sie Ihre nächste Stufe der Großartigkeit.

25. JANUAR

Der Verstand ist ein wunderbarer Diener, aber ein schrecklicher Herr. Wenn Sie immer nur das Negative sehen, liegt das daran, dass Sie sich nicht um Ihren Verstand gekümmert und sich nicht die Zeit genommen haben, ihn zu trainieren, damit er sich auf das Gute konzentrieren kann. Denken Sie daran, dass wir zu dem werden, woran wir den ganzen Tag denken.

26. Januar

Die Menschen, die im Leben weiterkommen, sind diejenigen, die große Träume träumen und dann die Risiken eingehen, die notwendig sind, um ihre Vision zu verwirklichen. Sie stellen sich ihren Ängsten unmittelbar, lassen sich auf das Spiel ein und leben ihre Tage mit Mut. Sie durchbrechen die Türen ihrer Angst, egal wie unwohl sie sich dabei fühlen. Es ist besser, einen Tag lang ein Löwe zu sein als das ganze Leben lang ein Schaf.

27. Januar

Das beste Mittel gegen Angst ist Wissen.

28. Januar

Glück ist nichts anderes als die gelungene Verbindung von unaufgeregter Vorbereitung und gut genutzter Gelegenheit.

29. Januar

Die meisten Menschen verbringen die besten Jahre ihres Lebens an einem Ort, der ihnen vertraut ist. Ihnen fehlt der Mut, sich auf fremdes Terrain zu wagen, und sie haben Angst, sich von der Masse abzuheben. Sie wollen dazugehören und fürchten sich davor, aus der Reihe zu tanzen. Sie kleiden sich wie alle anderen, denken wie alle anderen und verhalten sich wie alle anderen, auch wenn es ihnen innerlich vielleicht nicht richtig erscheint. Sie zögern, auf den Ruf ihres Herzens zu hören und Neues auszuprobieren, und weigern sich, das sichere Ufer zu verlassen. Sie tun, was alle anderen tun. Auf diese Weise verdunkelt sich ihre einst so strahlende Seele. Erfolg liegt darin, sich selbst treu zu bleiben und das Leben nach den eigenen Vorstellungen zu leben.

30. Januar

Das Festhalten an sicheren Ufern in Ihrem Leben ist nichts anderes als die Entscheidung, weiter in Ihren Ängsten gefangen zu bleiben. Es ist unmöglich, neue Ozeane zu entdecken, ohne sich vom Ufer zu entfernen.

31. Januar

Mut ist nicht die Abwesenheit von Angst, sondern die Bereitschaft, die Angst zu überwinden, um ein Ziel zu verfolgen, das einem wichtig ist. Sie gehören zu den lebenden Toten, wenn Sie in einem sicheren Hafen verharren und sich an das Bekannte klammern. Sie kehren ins Leben zurück, und Ihr Herz beginnt wieder zu schlagen, wenn Sie sich hinauswagen in das Unbekannte und die fremden Orte Ihres Lebens erkunden. Dann kehren das Abenteuer und der Nervenkitzel des Lebens zurück. Denken Sie daran: Jenseits Ihrer Ängste werden Sie Ihr Glück entdecken.

Februar

PERSÖNLICHE GRÖSSE

1. FEBRUAR

Zu sagen, für regelmäßiges Schweigen fehle einem die Zeit, ist etwa so, als würde man sagen, man sei zu sehr mit dem Autofahren beschäftigt, um zu tanken – irgendwann wird einen das Versäumnis einholen.

2. FEBRUAR

Gedanken sind lebenswichtige, lebendige Dinge, kleine Energiebündel, wenn Sie so wollen. Die meisten Menschen halten nicht inne, um über die Natur ihrer Gedanken nachzudenken, und doch bestimmt die Qualität Ihrer Gedanken die Qualität Ihres Lebens. Ihre Gedanken formen Ihre Welt. Worauf Sie sich in Ihrem Leben konzentrieren, das wächst, und woran Sie sich festhalten, das bestimmt Ihr Schicksal.

3. Februar

Sie können sich den Luxus eines einzigen negativen Gedankens wirklich nicht leisten. Ein beunruhigender Gedanke ist wie ein Embryo: Er fängt klein an, aber er wächst und wächst. Bald schon entwickelt er ein Eigenleben. Hören Sie auf, etwas zu füttern, was Ihnen nicht nützt.

4. FEBRUAR

Bewusstheit geht der Veränderung voraus. Bevor Sie irgendeine Sache in Ihrem Leben ändern können, müssen Sie sich ihrer erst einmal bewusst werden und anfangen, ihr wirklich Aufmerksamkeit zu schenken. Sie müssen ein Bewusstsein dafür entwickeln. Sie werden niemals eine Schwäche beseitigen können, die Sie nicht einmal kennen.

5. Februar

Die bestmögliche Nutzung Ihrer Zeit besteht darin, Ihren Verstand, Ihr Herz, Ihren Körper und Ihren Geist zu kultivieren, damit Sie mehr Glanz in diese Welt bringen können. Die Erweckung dieser vier Dimensionen Ihrer inneren Welt ist die beste Maßnahme, die Sie ergreifen können. Äußerer Größe geht eine innere Exzellenz voraus. Ihr äußeres Leben kann nie größer sein als das, was in Ihrem Inneren existiert.

6. Februar

Wenn Sie inspirierende, fantasievolle Bilder über die Kinoleinwand Ihres Geistes laufen lassen, beginnen wunderbare Dinge in Ihrem Leben zu geschehen. Einstein sagte: »Vorstellungskraft ist wichtiger als Wissen.« Verbringen Sie jeden Tag einige Zeit, und seien es nur ein paar Minuten, damit, Ihre Vorstellungskraft auszuloten. Alle außergewöhnlichen Leistungen beginnen mit einem Traum.

7. Februar

Schon viele von uns haben ihren Fokus von der Suche nach dem Äußeren auf eine Reise ins Innere verlagert. Für viele ist die menschliche Reise zu einer inneren Reise geworden. Wir haben erkannt, dass sich das Tor zu dauerhaftem Erfolg nicht nach außen, sondern nach innen öffnet. Die größten Schätze sind diejenigen, die im Inneren liegen. Wir, als eine globale Gemeinschaft, beginnen allmählich, mehr über die Bedürfnisse unserer Seelen nachzudenken und mehr Zeit aufzuwenden für Aktivitäten wie persönliches Wachstum, liebevolleres Verhalten, Mitgefühl mit anderen und das Aufbauen eines Vermächtnisses. Erfolg ist wichtig, Bedeutung aber noch mehr.

8. FEBRUAR

Gefühle sind die Tore zu unserer Seele, sie müssen anerkannt und dann intensiv erfühlt und erspürt werden. Gefühle enthalten wichtige Informationen und dienen dazu, Ihre Selbstbeziehung zu fördern, wenn Sie sie umfassend erforschen.

9. Februar

Wenn sich Ihr Bewusstsein erweitert, werden Sie all jener Dinge gewahr, die Sie vorher weder sehen noch verstehen konnten. Wir wissen nicht, was wir nicht wissen – bis wir anfangen, nach innen zu schauen. Hier ist alles gut. Alles, was sich entfaltet hat für Sie, führt Sie an einen wunderbaren Ort.

10. FEBRUAR

Wenn Sie Ihre äußere Welt wirklich verbessern wollen, ob nun Ihre berufliche Karriere, Ihre Beziehungen oder Ihre Finanzen, müssen Sie zuerst Ihre innere Welt verbessern. Der effektivste Weg dazu ist die Praxis der kontinuierlichen Selbstverbesserung. Selbstbeherrschung ist die Grundlage der Lebensbeherrschung. Großartigkeit ist eine innere Angelegenheit.

11. Februar

In unserer Gesellschaft bezeichnen wir Unwissende allzu oft als schwach. Jene aber, die ihren Mangel an Wissen zum Ausdruck bringen und dann nach Anleitung suchen, finden den Weg zur Weisheit vor allen anderen.

12. FEBRUAR

Die Zen-Tradition spricht vom Geist des Anfängers: Diejenigen, die ihren Geist für neue Konzepte offen halten – diejenigen also, deren Tassen immer leer sind –, werden stets auf höhere Ebenen der Verwirklichung und der Erfüllung gelangen. Scheuen Sie sich nie, auch die einfachsten Fragen zu stellen.

13. Februar

Angst ist eine konditionierte Reaktion, eine lebensfeindliche Gewohnheit, die leicht Ihre Energie, Ihre Kreativität und Ihren Geist aufzehren kann, wenn Sie nicht achtgeben. Wenn die Angst ihr hässliches Haupt erhebt, schlagen Sie sie rasch nieder. Das geht am besten, indem Sie das tun, wovor Sie sich fürchten. Und zwar umgehend.

14. FEBRUAR

Verstehen Sie die Anatomie der Angst. Sie ist Ihre eigene Schöpfung. Die meisten Dinge, vor denen wir uns fürchten, geschehen gar nicht. Warum sollten Sie also zulassen, dass Ihre Ängste Ihr Leben beherrschen?

15. Februar

Der gesamte menschliche Fortschritt, alle Errungenschaften der Welt – von der Entdeckung des Feuers bis zur Erfindung des Computers – sind von Menschen gemacht worden, die den Mut hatten, nicht auf die Masse zu hören, sondern zu tun, was sie für richtig hielten, ungeachtet der Tatsache, dass dies Unsicherheit und Angst in ihnen hervorrief.

16. FEBRUAR

Risiken einzugehen bedeutet, Angst auszulösen. Aber Risiken einzugehen bedeutet auch, dass man lebendig ist. Wir sind am lebendigsten, wenn wir Risiken auf uns nehmen, mutig sind und die unbekannten Sphären unseres Lebens aufsuchen. Große Risiken, großes Leben. Kleine Risiken, kleines Leben.

17. FEBRUAR

Warum sollten Sie die Verwirklichung Ihrer Größe aufschieben? Es wird nie einen perfekten Zeitpunkt geben, um Ihre Träume zu leben und die fabelhaften Möglichkeiten zu ergreifen, die in Ihrem Leben angelegt sind. Warum also nicht heute den Schritt wagen?

18. Februar

Jeder von uns entwirft eine Geschichte seines eigenen Lebens, auch wenn er sie nur sich selbst erzählt. Für manche besteht die Geschichte darin, in der Opferrolle zu stecken. Es ist leicht, das Opfer zu spielen. Man muss keine Verantwortung dafür übernehmen, wie das eigene Leben aussieht. Man kann anderen die Schuld für alles geben, was im eigenen Leben nicht klappt, und muss sich nie mit sich selbst auseinandersetzen und die notwendigen Veränderungen vornehmen. Aber wenn Sie das Opfer spielen, geben Sie Ihre Macht ab an das, von dem Sie behaupten, dass es Sie zum Opfer macht. Das ist eine sehr ohnmächtige Art zu leben.

19. Februar

Persönliche Veränderung ist kein Wettlauf. Tatsächlich dauert es manchmal umso länger, je intensiver man sich zu verändern versucht. Viele Menschen behandeln die Selbstfindung wie eine Art Extremsport – sie schlagen ein frenetisches Tempo an, um Heilung zu erlangen. Sie lesen Buch um Buch. Sie suchen einen Berater nach dem anderen auf und nehmen an einem Seminar nach dem anderen teil. Sie wollen die Antworten auf die großen Fragen erfahren, mit denen sie sich auseinanderzusetzen haben. Aber ein Mensch, der sich nicht auf das Geheimnis seines Lebens einlassen und den Prozess des persönlichen Wachstums genießen kann, ist ein Mensch, der in Angst verharrt.

20. Februar

Sie sind das, woran Sie den ganzen Tag denken. Sie sind auch das, was Sie sich den ganzen Tag über sagen. Wenn Sie sich sagen, dass Sie alt und müde sind, wird sich dieses Mantra in Ihrer äußeren Realität manifestieren. Wenn Sie sich sagen, dass Sie schwach sind und es Ihnen an Enthusiasmus mangelt, wird dies auch die Natur Ihrer Welt sein. Wenn Sie sich aber sagen, dass Sie gesund, dynamisch und voller Energie sind, wird sich Ihr Leben verändern. Worte besitzen eine bemerkenswerte Macht.

21. FEBRUAR

Sie werden niemals eine Schwäche beseitigen können, die Sie nicht einmal kennen. Der erste Schritt zur Überwindung einer negativen Gewohnheit besteht darin, sich ihrer bewusst zu werden. Sobald Sie ein Bewusstsein für das Verhalten entwickeln, das Sie zu ändern versuchen, sind Sie auf dem besten Weg, es durch ein hilfreicheres Verhalten zu ersetzen. Wie sich Schatten auflösen, die ins Licht gerückt werden, verschwinden auch Schwächen, die im Licht der Selbsterkenntnis betrachtet werden.

22. FEBRUAR

Angst ist der Hauptfaktor, der Menschen dazu bringt, ein unbedeutendes, unauthentisches Leben zu führen. Und die meisten Ängste sind Einbildung.

23. Februar

Freiheit ist wie ein Haus: Man erbaut es Stein für Stein. Der erste Stein, den Sie legen sollten, ist die Willenskraft. Diese Eigenschaft inspiriert Sie dazu, das zu tun, was in einem bestimmten Augenblick richtig ist. Sie verleiht Ihnen die Energie, mutig zu handeln. Sie ermöglicht es Ihnen, das Leben zu leben, das Sie sich vorstellen, statt das Leben zu akzeptieren, das Sie haben. Disziplin ist ein wirksames Mittel gegen Bedauern.

24. FEBRUAR

Der Verstand ist ein großartiges Werkzeug, das zur Planung, zum geduldigen Nachdenken und zum Lernen aus vergangenen Fehlern eingesetzt werden kann, damit diese sich nicht wiederholen. Der Verstand hilft Ihnen, Wissen zu erlangen und Lehren zu ziehen aus den Lektionen des Lebens. Aber der Verstand darf nicht allein das Heft in der Hand halten, wie es bei den meisten Menschen der Fall ist. Bemühen Sie sich um ein Gleichgewicht zwischen dem Leben im Verstand und dem Handeln aus dem Herzen. Lassen Sie sich im Wesentlichen vom Herzen leiten.

25. Februar

Die meisten Menschen denken nur darüber nach, warum sie etwas nicht tun sollten und welche negativen Folgen ein Scheitern hätte. Der Verstand hält uns nur allzu oft klein.

26. FEBRUAR

Eine der zeitlosen Wahrheiten für ein erfolgreiches Leben lässt sich einfach formulieren: Unsere Gedanken formen unsere Welt, und das, worüber wir nachdenken, wächst in unserem Leben. Worauf wir uns konzentrieren, wird unser Schicksal bestimmen. Das Leben ist eine sich selbst erfüllende Prophezeiung – es gibt uns genau das, was wir von ihm erwarten. Schauen Sie sich Ihr Umfeld genau an. Ihre Gedanken werden von den Menschen geprägt, mit denen Sie zu tun haben, von den Büchern, die Sie lesen, von den Worten, die Sie sprechen, und von Ihrer täglichen unmittelbaren Umgebung. Wenn Sie Maßnahmen ergreifen, um das Umfeld, in dem Sie arbeiten und leben, zu verbessern, werden Sie schnell auch Verbesserungen in Ihrem Denken, Fühlen und Handeln feststellen.

27. FEBRUAR

Um das Leben auf beste Weise zu nutzen, muss man in jeder Minute, in jeder Stunde eines jeden Tages vollkommen präsent und achtsam sein. Doch an den meisten Tagen ist unser Geist an zehn verschiedenen Orten gleichzeitig. Anstatt den Weg zur Arbeit zu genießen, fragen wir uns, was der Chef zu uns sagen wird, wenn wir im Büro ankommen, oder was wir zu Mittag essen werden oder wie unsere Kinder heute in der Schule abschneiden werden. Unsere Gedanken sind wie herumtollende Welpen oder, wie man im Fernen Osten sagt, wie entfesselte Affen, die von einem Ort zum anderen eilen, ohne sich eine Pause zu gönnen. Wenn Sie ein Bewusstsein für den gegenwärtigen Moment und die Fähigkeit zur geistigen Fokussierung entwickeln, werden Sie sich in Ihrem Leben nicht nur viel ruhiger fühlen, sondern auch das Potenzial Ihres Geistes in vollem Umfang freisetzen können. Und das ist der Beginn von Großartigkeit.

28. Februar

Ohne die Fähigkeit, sich zu konzentrieren, ist ein erfülltes und vollständiges Leben nicht möglich. Wenn Sie nicht in der Lage sind, sich über einen längeren Zeitraum auf eine Tätigkeit zu konzentrieren, werden Sie niemals Ihre Ziele erreichen, Ihre Träume verwirklichen oder den facettenreichen Prozess des Lebens genießen können. Meditation ist keine abwegige Praxis, die Mönchen auf einem Berg vorbehalten ist. Im Gegenteil, Meditation ist eine uralte Technik, die von einigen der weisesten Menschen der Welt entwickelt wurde, um die volle Kontrolle über den Geist zu erlangen und so dessen enormes Potenzial zu entfalten und in den Dienst von Zielen zu stellen, die es wert sind. Meditation ist eine Methode, mit der Sie Ihren Geist dahingehend ausrichten können, dass er so funktioniert, wie er eigentlich funktionieren soll. Und das ist der entscheidende Vorteil: Der Frieden und die Ruhe, die Sie nach zwanzig Minuten täglicher Meditation empfinden, werden alle verbleibenden Minuten Ihres Tages durchdringen. Sie können es sich schlicht nicht leisten, die Kraft dieser fünftausend Jahre alten Disziplin der Geistesschulung nicht für sich zu entdecken.

März

PERSÖNLICHE GRÖSSE

SCHICKSAL UND SINN DES LEBENS

1. MÄRZ

Bringen Sie Kopf und Herz in Einklang. Bemühen Sie sich um ein Gleichgewicht zwischen dem Verfolgen von Träumen und dem Erreichen von Zielen, zwischen dem Zulassen von Ereignissen und dem Vertrauen auf einen höheren Plan. Bemühen Sie sich um ein Gleichgewicht zwischen dem Bewusstsein, dass der Sinn des Lebens in der Rückkehr zu unserem höchsten Selbst besteht, und der Erkenntnis, dass wir Menschen mit verschiedenen Unvollkommenheiten sind und in einer Welt mit vielen Freuden leben, die man ohne Schuldgefühle genießen kann und sollte.

2. März

Wenn Sie mit Liebe und ungezügelter Hingabe dem nachjagen, was Sie sich erträumen, zapfen Sie die Energie an, die die Sterne und die Meere geschaffen hat. Eine Art von Zauber hält Einzug in Ihr Leben, und es geschehen Dinge, die sich Ihrem Verständnis entziehen. Es tauchen Zeichen auf, die darauf hindeuten, dass Sie auf dem richtigen Weg sind.

3. MÄRZ

Wenn Sie Ihr Bestes geben und nach Außergewöhnlichkeit streben, unterstützt Sie das Leben und verleiht Ihnen Wind unter den Flügeln. Es sieht einen Menschen, der sich an seinen Idealen ausrichtet und zu werden versucht, wozu er bestimmt ist. Diese Art von Anstrengung bleibt niemals unbemerkt von den Augen, die über die Welt wachen.

4. MÄRZ

Jede Gabe, die wir erhalten haben – und jeder von uns besitzt Talente oder Begabungen –, wurde uns aus einem bestimmten Grund gegeben. Mit jeder dieser Gaben, die uns zuteilwurden, geht die Verantwortung einher, sie zu formen und zu entwickeln und sie dann in der Welt so einzusetzen, dass sie das Leben anderer Menschen bereichert.

5. MÄRZ

Menschen, die nicht bereit sind, sich einem Ziel im Leben zu verschreiben und dieses dann mit kühnem Mut zu verfolgen, sind letztlich Menschen, deren Herzen von Angst erfüllt sind. Lassen Sie nicht zu, dass Ihre Ängste Sie Ihrer Freiheit berauben.

6. MÄRZ

Wenn ich meine Launen, meine Untätigkeit und meine Fehler auf die Konstellation der Planeten schiebe, verschenke ich die Macht, die mir als Mensch gegeben wurde, an die Planeten, die Monde und die Sterne. Das ist eine sehr unzulängliche Art zu leben. Denken Sie daran, dass Sie nicht Ihre Stimmungen sind, sondern eine Kraft, die weitaus stärker ist als diese. Sie sind nicht Ihre Psychologie, sondern eine Macht, die viel weiser ist.

7. MÄRZ

Wir sind nicht unsere Gedanken. Vielmehr sind wir die Schöpfer der Gedanken, die durch unseren Verstand fließen, und deshalb können wir unsere Gedanken ändern, wenn wir es wollen. So wie Sie nicht Ihre Gedanken sind, sind Sie auch nicht Ihre Stimmungen. Sie sind der Schöpfer der Stimmungen, die Sie erfassen, der Stimmungen, die Sie in einem einzigen Augenblick ändern können. Wenn Sie wollen, können Sie in einem Stressmoment Gelassenheit, in einem Moment der Traurigkeit Freude und in einem Moment der Müdigkeit Energie empfinden.

8. MÄRZ

Der Weg zu einem außergewöhnlichen Leben liegt darin, uns selbst zu erforschen, unsere wichtigsten Fähigkeiten kennenzulernen und zu verstehen, wer wir als Menschen im Grunde sind. Ausgestattet mit diesem grundlegenden Wissen, können wir dann in die Welt hinausgehen, um zu tun, wozu wir bestimmt sind, und das Gute zu schaffen, das uns aufgegeben ist. Denken Sie daran, dass Sie die Pflicht haben, Ihr Licht erstrahlen zu lassen, und dass diese Welt ein schlechterer Ort sein wird, wenn Sie entscheiden, sich kleinzumachen.

9. MÄRZ

Sich selbst zu prüfen, ist der erste Schritt zu persönlicher Größe.

10. MÄRZ

Nachdenken ist die Mutter der Weisheit. Nehmen Sie sich jeden Tag etwas Zeit, um sich zu fragen, warum wir hier sind, wie wir leben und ob wir die Gaben, die uns das Leben gegeben hat, optimal nutzen. Nehmen Sie sich die Zeit zum Nachdenken. Täglich.

11. MÄRZ

Die meisten Menschen glauben, dass es Monate und Jahre dauern würde, ihr Leben zu verändern. Tatsächlich aber können Sie genau das buchstäblich in nur einem Augenblick tun, indem Sie die grundsätzliche Entscheidung treffen, nicht mehr so zu leben, wie Sie es bisher getan haben – egal was auch geschehen mag. Was Monate, Jahre und manchmal auch Jahrzehnte dauert, sind die Mühen, die erforderlich sind, um diese Entscheidung im Leben praktisch umzusetzen.

12. März

Wie Schatten sich auflösen, die ins Licht gerückt werden, verschwinden auch Schwächen, die im Licht der Selbsterkenntnis betrachtet werden. Schauen Sie nach innen. Und fassen Sie den Entschluss, ein besseres Selbst zu erschaffen.

13. MÄRZ

Wogegen wir ankämpfen, das wird fortbestehen. Und wenn wir uns weigern, die innere Arbeit zu leisten, die erforderlich ist, um uns unseren Ängsten zu stellen und sie zu verarbeiten, werden sie uns immer verfolgen. Wenn wir jedoch den Mut haben, uns selbst zu erforschen und unsere Ängste kennenzulernen, werden sie durch uns hindurchziehen, und schließlich werden wir sie loslassen können. Was wir uns zu eigen machen, das transzendieren wir.

14. MÄRZ

Nehmen Sie sich die Zeit, sich Ihren Widerständen zu stellen und sich selbst zu prüfen, wenn Frustrationen oder Ängste auftauchen, anstatt die Schuld auf andere zu schieben und sich vor der eigenen Verantwortung zu drücken. Das ist ein wichtiger Schritt, um als Mensch kraftvoller und gelassener zu werden. Unser Leben ist ein Spiegel. Und das Leben schickt uns nicht, was wir wollen, sondern zeigt uns, wer wir sind. Je heller wir erstrahlen und je großartiger wir sind, desto mehr kann sich dies auch in unserem äußeren Leben manifestieren.

15. MÄRZ

Ganz gleich, wer Sie sind und was Ihr persönlicher Hintergrund ist, Sie haben stets die Macht zu wählen, wie Sie die Ereignisse in Ihrem Leben verarbeiten wollen. Diese Fähigkeit, selbst zu entscheiden, wie wir das interpretieren, was uns widerfährt, ist unsere höchste menschliche Gabe. Erwarten Sie also nicht, dass andere sich ändern, damit Ihre Lebensumstände besser werden. Gehen Sie voran und beschreiten Sie den edlen Weg. Sie vollziehen die Veränderungen, die erforderlich sind. Andere Menschen in Ihrem Umfeld werden Ihnen dann folgen. Der beste Weg, andere zu beeinflussen, ist, mit gutem Beispiel voranzugehen. Werden Sie selbst so, wie Sie es sich von anderen wünschen.

16. MÄRZ

Ihre Überzeugungen im Leben sind in Wirklichkeit nichts anderes als mentale Vereinbarungen, die Sie mit sich selbst getroffen haben bezüglich der Situation, in der Sie sich befinden. Manche Menschen glauben, sie seien zu beschäftigt, um ihre Kinder mehrmals am Tag zu umarmen und ihnen ihre Liebe zu zeigen. Damit haben sie einen Vertrag mit sich selbst geschlossen, um diese »Tatsache« zu rechtfertigen. Manche Menschen sind überzeugt, dass sie nie ein gutes Leben werden führen können, weil ihre Vergangenheit zu schwierig war. Damit haben sie eine Vereinbarung mit sich selbst getroffen und sich damit abgefunden, gemäß dieser »Tatsache« zu leben.

17. MÄRZ

Nicht das, was Sie sind, hält Sie im Leben zurück und bremst Sie, sondern vielmehr alles, von dem Sie denken, dass Sie es nicht sind. Nur das, was in Ihrer inneren Welt vor sich geht, hindert Sie daran, alles zu erreichen, was Sie sich wünschen. Sobald Sie dies erkennen und sich daranmachen, Ihren Verstand von allen einschränkenden Gedanken zu befreien, werden Sie praktisch unverzüglich Verbesserungen in Ihren persönlichen Lebensumständen feststellen.

18. MÄRZ

Glück erlangt man nicht, wenn man bestimmte Dinge erreicht. Es stellt sich ein, wenn Sie bestimmte Gedanken denken und bestimmte Gefühle empfinden. Glück ist nichts anderes als ein Geisteszustand, den Sie durch die Art und Weise, wie Sie die Ereignisse in Ihrem Leben verarbeiten und interpretieren, erschaffen.

19. MÄRZ

Es gibt vier Dimensionen Ihres authentischen Selbst, die Sie erwecken müssen, damit Sie wieder vollständig werden können: Ihren Verstand, Ihren Körper, Ihr Herz und Ihren Geist. Wenn Sie diese vier Dimensionen aktivieren, werden Sie sich daran erinnern, wer Sie wirklich sind.

20. MÄRZ

Wenn Sie das Buch eines anderen Menschen lesen, erblicken Sie ein Spiegelbild seiner Wahrheit. Einen Redner in einem Seminar zu hören, bedeutet, dass Sie seine Wahrheit und seine Philosophie über die Welt und das Leben kennenlernen werden. Das mag in dieser Phase Ihrer Reise in Ordnung sein. Zu erfahren, was andere denken, wird Ihnen helfen herauszufinden, was Sie selbst wirklich denken. Aber begehen Sie nicht den Fehler zu glauben, dass die Wahrheit eines anderen Menschen unbedingt Ihre eigene Wahrheit sein muss. Wahrer Erfolg stellt sich ein, wenn Sie nach Ihrer eigenen Philosophie leben. Vertrauen Sie auf sich selbst: darauf, dass Sie dorthin gelangen, wo Sie hinwollen.

21. MÄRZ

Eines der Naturgesetze, die den Lauf der Welt bestimmen, besagt, dass Sie blockieren, was Sie in Wirklichkeit anstreben, solange Sie sich darauf konzentrieren, was Sie nicht wollen. Worauf Sie Ihre Aufmerksamkeit richten, das wird wachsen in Ihrem Leben. Konzentrieren Sie sich auf das, was Sie nicht wollen, und Sie werden mehr davon bekommen.

22. MÄRZ

Gefühle sind wie Regenstürme; sie haben einen Anfang, eine Mitte und ein Ende. Wenn wir sie unterdrücken, werden sie wie Wunden eitern. Wenn wir ihnen Aufmerksamkeit schenken und sie in das Licht unseres Bewusstseins heben, werden wir durch sie hindurchgehen, und sie werden sich vervollständigen. Und unsere Gesundheit wird stetig erstarken.

23. MÄRZ

Als menschliche Wesen haben wir immer die Wahl. Wir haben viel mehr Wahlmöglichkeiten, als uns bewusst ist. Wir glauben, im Leben so eingeschränkt zu sein, dass wir so leben und alles genau so machen müssen, wie wir es gerade tun. Das ist nur ein weiteres Beispiel für die Sprache, die Menschen in einer Opferrolle gerne verwenden. Es liegt immer an Ihnen, wie weit Sie auf dem Weg von Ihrem sozialen Selbst zu Ihrem authentischen Selbst gehen wollen. Und wenn Sie die persönliche Verantwortung für das übernehmen, was in Ihrem Leben nicht klappt, und dann mutig anfangen zu handeln, um zu verbessern, was verbessert werden muss, dann werden sich Türen öffnen, von denen Sie nicht einmal wussten, dass sie existieren.

24. MÄRZ

Auf dem Weg zu Wahrheit und Selbsterkenntnis ist Geduld gefragt. Ihr persönliches Timing ist vielleicht nicht das Timing des Lebens.

25. MÄRZ

Sie sind viel großartiger, als Sie es sich je erträumt haben. Und ganz gleich, was Ihnen gerade im Leben widerfährt, vertrauen Sie darauf, dass alles gut ist und sich zu Ihrem Besten entwickelt. Es sieht vielleicht nicht schön aus, aber es ist genau das, was Sie lernen müssen, damit Sie zu jenem Menschen heranwachsen können, der zu werden Ihnen vorherbestimmt ist. Alles, was in Ihrem Leben geschieht, ist perfekt arrangiert, um Sie zu Ihrer bestmöglichen Entwicklung als Mensch zu inspirieren und Ihre wahre Kraft zur Entfaltung zu bringen. Lernen Sie vom Leben und erlauben Sie ihm, Sie dorthin zu führen, wo Sie hinwollen – es hat Ihr höchstes Wohl im Sinn.

26. MÄRZ

Das Prinzip des Überflusses besagt, dass Sie umso mehr erhalten, je mehr Sie anderen geben. Ich habe entdeckt, dass man selbst mehr geben muss, wenn man mehr Fülle und Wohlstand im Leben erlangen will. Überfluss ist eine Energie, die in der Welt zirkuliert, und je mehr Sie aussenden, desto mehr werden Sie zurückbekommen. Gutes geschieht immer den Menschen, die selbst Gutes tun.

27. MÄRZ

Seien Sie geduldig und leben Sie mit dem Wissen, dass alles, wonach Sie suchen, mit Sicherheit kommen wird, wenn Sie sich darauf vorbereiten und es erwarten. Ihre Antworten werden kommen. Seien Sie sich dessen gewiss.

28. MÄRZ

Der Verstand sehnt sich nach äußerer Macht, die eher auf weltlichen als auf inneren Dingen beruht: auf Geld, Status und Besitz. Das Problem mit äußerer Macht ist, dass sie flüchtig ist: Wenn Sie das Geld, den Status und den Besitz verlieren, gehen Sie auch der Macht verlustig. Wenn Sie Ihre Identität an diese Dinge geknüpft haben, werden Sie auch das Gefühl dafür verlieren, wer Sie sind, sobald sie wegfallen. Die einzige Macht, die etwas wert ist, ist authentische Macht – eine Macht, die von innen kommt.

29. MÄRZ

Das Herz lebt im gegenwärtigen Moment, weil es weiß, dass das Leben in diesem Moment gelebt werden muss. Das Herz beschäftigt sich mit der Heilung, um ganz zu werden, mit Liebe, Mitgefühl, Verständnis und dem Dienst an anderen Menschen. Es ist sich bewusst, dass wir alle auf einer unsichtbaren Ebene miteinander verbunden sind, dass wir alle Brüder und Schwestern derselben Familie sind und dass das Glück aus dem Geben erwächst und daraus, das Wachstum anderer zu unterstützen, sodass sie ihr höchstes Selbst entfalten können.

30. MÄRZ

Der größte Teil unserer bisherigen Entwicklung als menschliche Wesen war von der Konzentration auf das Physische, auf das Äußere geprägt. Bisher ging es nur um Anhäufen und Horten. Die vorherrschende Haltung war: »Es gewinnt derjenige, der am meisten besitzt« – derjenige, der den meisten Ruhm erworben hat, der das größte Vermögen besitzt, der die meiste Macht über andere ausübt. Und aufgrund dieser Einstellung ist das »Überleben des Stärkeren« zum Motto des Spiels geworden. Alles dreht sich um den Wettbewerb, weil wir zu der Überzeugung gelangt sind, dass es nicht genug gibt, damit jeder zu den Gewinnern gehören kann. Aber diese Philosophie ist heute für uns nicht mehr hilfreich. Es ist eine Philosophie der Knappheit. Und hinter diesem Gedanken der Knappheit steckt die pure Angst. Da unsere Absichten und unsere Gedanken erschaffen, was sich in unserer äußeren Welt manifestiert, sehen wir nur den Mangel – es gibt nie genug für uns alle. Und so beginnt der Kreislauf: Wir haben nie das Gefühl, genug zu haben, und wir sind nie glücklich.

31. MÄRZ

Übernehmen Sie von heute an die vollständige Kontrolle über Ihr Leben. Entscheiden Sie sich ein für alle Mal, selbst Herr über Ihr Schicksal zu sein. Laufen Sie Ihr eigenes Rennen. Entdecken Sie Ihre Berufung, und Sie werden beginnen, die Wonnen eines inspirierten Lebens zu erfahren.

April

SCHICKSAL UND SINN DES LEBENS

1. April

Wir Menschen neigen dazu, vom Leben zu verlangen, dass es auf unsere Wünsche hören soll. Aber so funktioniert das Leben nicht. Es gibt uns, was wir brauchen, was das Beste für uns ist – und was in unserem höchsten Interesse liegt. Ihr Leben wird sich viel besser entwickeln, wenn Sie anfangen, auf das Leben zu hören. Lassen Sie sich vom Fluss führen, anstatt zu versuchen, ihn in eine bestimmte Richtung zu drängen.

2. APRIL

Vertrauen Sie darauf, dass das Leben Sie genau dorthin trägt, wohin Sie sollen. Geben Sie Ihren Widerstand auf und nehmen Sie eine Haltung der Hingabe ein, der Hingabe an all das, was sich gerade entfaltet. So können Sie sicherstellen, dass Sie den Weg Ihrer Bestimmung gehen, Ihren wahren Weg.

3. April

Besonders schwer wiegt für viele Menschen das Bedauern, wenn sie am Ende ihres Lebens erkennen, dass sie ihre Träume nicht verwirklicht haben. Wenn Sie am Ende oder in der Mitte Ihres Lebens ankommen, eines Tages aufwachen und feststellen, dass Sie sich nichts getraut haben, dass Sie nicht nach den Sternen gegriffen haben, dass Sie nicht einmal ein Zehntel Ihres Potenzials ausgeschöpft haben, bricht Ihnen das Herz.

4. April

Die Vergangenheit ist ein Grab, und es macht keinen Sinn, sein Leben in einem Grab zu verbringen. Jedes Ende bedeutet einen neuen Anfang. Oder anders ausgedrückt: Man kann im Leben nicht vorankommen, wenn man immer nur in den Rückspiegel schaut.

5. APRIL

Die meisten Menschen entdecken erst kurz vor ihrem Tod, worum es im Leben geht. Solange wir jung sind, verbringen wir unsere Tage damit, uns zu bemühen und den gesellschaftlichen Erwartungen gerecht zu werden. Wir sind so sehr damit beschäftigt, den großen Freuden des Lebens nachzujagen, dass wir die kleinen verpassen, wie zum Beispiel an einem regnerischen Tag mit unseren Kindern barfuß im Park zu tanzen, einen Rosengarten anzulegen oder den Sonnenaufgang zu beobachten. Wir leben in einem Zeitalter, in dem wir zwar die höchsten Berge bezwungen haben, aber noch nicht über uns selbst hinauswachsen können. Wir haben höhere Gebäude, aber weniger Selbstbeherrschung, mehr Besitz, aber weniger Glück, einen volleren Geist, aber ein weniger erfülltes Leben. Warten Sie nicht, bis Sie auf dem Sterbebett liegen, um den Sinn des Lebens zu erkennen und zu verstehen, welch wichtige Rolle Sie darin spielen.

6. April

Niemand entdeckt sein Schicksal. Ihr Schicksal wird Sie entdecken – es wird Sie finden, vorausgesetzt, Sie haben die notwendige Vorbereitung und die innere Arbeit geleistet, um die Gelegenheit zu ergreifen, wenn sie sich Ihnen bietet.

7. April

Hören Sie auf, sich Gedanken darüber zu machen, wie Sie Ihr Schicksal entdecken können. Verbringen Sie Ihre Zeit damit, sich selbst kennenzulernen. Reißen Sie die Fassade ein, die Sie der Welt zeigen, und leisten Sie die intensive innere Arbeit an sich selbst, die erforderlich ist, um herauszufinden, wer Sie wirklich sind.

8. April

Die meisten von uns wissen, was notwendig ist, um ein glückliches, gesünderes und erfüllteres Leben zu führen. Das eigentliche Problem besteht darin, dass wir unser Wissen nicht umsetzen. Ein außergewöhnlicher Charakter zeichnet sich nicht dadurch aus, dass er nur tut, was Spaß macht oder leicht zu tun ist. Echte moralische Souveränität zeigt sich in einem Menschen, der konsequent das tut, was er tun sollte, und nicht das, wozu er Lust hat – der das, was am wichtigsten ist, ohne Fehl und Tadel ausführt.

9. April

Bedenken Sie stets, dass Ihr Timing nicht unbedingt das Timing der Natur ist. Lassen Sie sich auf den Prozess ein. Es ist nicht vorgesehen, dass Sie alle Antworten kennen, zumindest nicht im Moment. Wenn Sie bereit sind, zu lernen und eine bestimmte Lektion zu erhalten, wird sie sich offenbaren. Wie spannend wäre denn ein Film noch, wenn Sie alle seine Wendungen schon nach der Hälfte kennen würden?

10. April

Zu viele Menschen können nicht mit der Vorstellung umgehen, dass sich ihre Pläne und Ziele nicht so entwickeln werden, wie sie es sich vorstellen. Diese Art des Denkens spiegelt ein gewisses Kontrollbedürfnis wider. Und hinter diesem Kontrollbedürfnis steckt oft Angst. Doch das Leben hat größere Pläne für Sie, als Sie sich vorstellen können.

11. April

Ja, machen Sie Pläne und setzen Sie sich Ziele. Arbeiten Sie hart und streben Sie danach, sich Ihre Wünsche zu erfüllen. Das gehört dazu, wenn man ein verantwortungsbewusster Mensch sein will – und es ist wahr, dass man viele Pläne, die man sich vornimmt, letztlich auch in die Tat umsetzen kann. Aber ketten Sie sich nicht zu sehr an Ihre Pläne und Ziele. Häufig schickt Ihnen das Universum einen Schatz in einem unerwarteten Paket.

12. APRIL

Wenn Sie Ihre Bedürfnisse nicht einschränken, werden Sie nie Erfüllung finden. Sie werden immer wie der Glücksspieler in Las Vegas sein, der am Roulette-Rad steht, um »noch eine Runde« zu drehen in der Hoffnung, dass seine Glückszahl erscheint. Sie werden immer mehr wollen, als Sie haben. Lebenslanges Glück entsteht, wenn Sie arbeiten und Ihren Teil dazu beitragen, Ihre Träume zu verwirklichen. Das Wichtigste ist, dass Sie Ihr Glück nicht davon abhängig machen, den schwer fassbaren Topf voll Gold am Ende des Regenbogens zu finden. Die Reise ist immer besser als das Ende.

13. April

In Ihnen stecken die Sonne, der Mond, der Himmel und alle Wunder dieses Universums. Die Intelligenz, die diese Wunder erschaffen hat, ist dieselbe Kraft, die auch Sie erschaffen hat. Alle Dinge um Sie herum stammen aus derselben Quelle. Wir sind alle eins.

14. APRIL

Wenn Sie Ihren Verstand und Ihren Geist nähren, nähren Sie wirklich die Seele des Lebens. Wenn Sie sich selbst verbessern, verbessern Sie auch das Leben all derer, die Sie umgeben. Und wenn Sie den Mut aufbringen, zuversichtlich in die Richtung Ihrer Träume voranzuschreiten, beginnen Sie, die Kraft des Universums zu nutzen.

15. April

Wenn Sie bereit für eine bestimmte Lektion sind, werden Sie die perfekte Erfahrung machen oder die Person kennenlernen, die Ihnen die Gelegenheit bietet, diese Lektion zu lernen. Und wenn Sie die Lektion erhalten haben, brauchen Sie Zeit, um sie integrieren zu können. Es besteht keine Eile. Es ist alles eine wunderschöne Reise. Vertrauen Sie darauf, dass Sie zu jedem Zeitpunkt genau dort sind, wo Sie sein sollen.

16. April

Lassen Sie Ihr Bedürfnis los, den Weg Ihres Schicksals zu kontrollieren. Denn ganz gleich, wie sehr Sie sich bemühen, Sie werden es nicht schaffen. Gewiss, Sie können kluge Entscheidungen treffen, und Ihre Entscheidungen werden auch entsprechende Auswirkungen haben. Aber letztlich haben Sie nicht die Kontrolle. Wir Menschen sind viel zu überheblich. Wir halten uns für intelligenter als das Universum. Dieses Universum, das die Sonnenuntergänge und die Regenbögen geschaffen hat. Dieses Universum, das die Sterne und den Mond geschaffen hat. Wir denken, dass wir besser wissen, was in unserem Interesse liegt, als die Quelle, die alles hervorgebracht hat, was existiert.

17. APRIL

Wenn Sie sich grundsätzlich dafür entscheiden, zu wachsen und auf Ihre Ängste zuzugehen, werden Sie auf immer höhere Stufen persönlicher Freiheit und individueller Größe gelangen. Sie werden entdecken, worum es im Leben wirklich geht. Sie werden beginnen, die universellen Wahrheiten und Naturgesetze zu erkennen, die das Funktionieren der Welt bestimmen. Wenn Sie diese kennen, können Sie sich stets aufs Neue dafür entscheiden, sich an ihnen auszurichten. Und wenn Sie sich an den Naturgesetzen ausrichten, die die Welt regieren, funktioniert Ihr Leben ganz automatisch.

18. April

Im Allgemeinen sind die Dinge, die wir in unseren Zwanzigern, Dreißigern und Vierzigern am meisten schätzen, die Dinge, die uns am Ende unseres Lebens am wenigsten bedeuten. Und all die Dinge, die so viele von uns momentan eher vernachlässigen, wie tiefe menschliche Beziehungen, spontane Gesten der Freundlichkeit, eine hervorragende körperliche Verfassung, das Streben nach Spitzenleistungen in unserer Arbeit, das Schaffen eines Vermächtnisses und uns jeden Tag Zeit dafür zu nehmen, an uns selbst zu arbeiten, damit das Beste in uns zum Vorschein kommt – diese Dinge werden sich am Ende als besonders wertvoll erweisen.

19. April

Keiner von uns wünscht sich auf dem Sterbebett, mehr Geld auf dem Konto oder ein größeres Auto in der Einfahrt stehen zu haben. Stattdessen wünschen wir uns, wenn wir unsere letzten Atemzüge tun, dass wir ein Leben gelebt haben, das mutig, authentisch und liebevoll war.

20. April

Jeder Einzelne von uns hat eine unglaubliche Zahl von Möglichkeiten zur Auswahl, wie sich unser Leben letztendlich entfalten wird. Es sind unsere konkreten Entscheidungen, die letzten Endes unser Schicksal bestimmen. Fast scheint es, als hätte der weise Architekt im Himmel einen groben Entwurf oder eine Skizze unseres Lebens für uns angefertigt, deren Details auszuarbeiten an uns liegt.

21. April

Es besteht kein Zweifel daran, dass wir Menschen nicht alles kontrollieren können, was uns widerfährt – das ist der schicksalhafte Teil. Was wir aber sehr wohl beeinflussen können, ist die Art und Weise, wie wir darauf reagieren, was das Leben uns schickt. So sieht also die Partnerschaft aus: Geben Sie Ihr Bestes – das Beste, was Sie in jeder Dimension Ihres Lebens tun können – und lassen Sie das Leben den Rest erledigen. Es besteht ein fragiles Gleichgewicht zwischen dem, was wir tun, und dem, was wir geschehen lassen.

22. April

Wir können unser Glück oft selbst in die Hand nehmen, und Menschen, die gute Dinge tun, haben in der Regel auch Glück. Aber wenn Sie Ihr Bestes gegeben haben, lassen Sie los und vertrauen Sie darauf, dass alles, was daraus entsteht, auf vollkommene Weise das Wachstum fördert, das Sie zur Entfaltung Ihres besten Selbst benötigen.

23. April

Viele mögliche Wege zu unserem besten Leben sind für uns bereits vorgezeichnet.

24. April

Eines der beständigsten alten Gesetze der Menschheit lautet, dass wir die Welt nicht so sehen, wie sie ist, sondern wie wir sind. Wenn wir uns verbessern, uns verfeinern und definieren, wer wir sind, sehen wir die Welt aus der höchsten und klarsten Perspektive. Indem wir persönliche Meisterschaft erlangen, sehen wir die Welt und all ihre grenzenlosen Möglichkeiten und Potenziale von der Spitze des Berges statt von unten.

25. April

Es gibt viele Wege zum Berggipfel des Friedens.

26. April

So wie es viele Wege gibt, um von der Arbeit nach Hause zu kommen, gibt es auch viele Wege zu Ihrem großartigen Leben, zu dem Leben, für das Sie bestimmt sind – und der Weg dorthin ist auch eine Art Heimkehr. Es gibt viele Jobs, die Sie zu Ihrer Bestimmung bringen können, wenn Sie sie annehmen. Ebenso stehen Ihnen viele Seelenverwandte zur Verfügung, von denen jeder unterschiedliche Lektionen anbietet, und sie alle können Ihnen dabei helfen, in Ihr bestes Selbst hineinzuwachsen und es zum Tragen zu bringen. Der Sinn Ihrer Existenz besteht darin, zu jenem Ort der Vortrefflichkeit, der Liebe und der Furchtlosigkeit zurückzukehren, den Sie vergessen haben. Nun liegt es an Ihnen, welchen Weg Sie einschlagen, um zu Ihrem authentischen Leben zu gelangen. Der eine Weg kann eine längere Reise bedeuten. Ein anderer Weg kann eine Schnellstraße zu Ihrem Ziel sein, mit einer angenehmen Fahrt bei wolkenlosem Himmel. Es liegt an Ihnen. Dies wird zu einem großen Teil von den Entscheidungen bestimmt, die Sie in den wichtigen Momenten Ihres Lebens treffen. Sie sind Mitautor des Drehbuchs, das für die Geschichte Ihres Lebens geschrieben wird.

27. APRIL

Tun Sie Gutes und seien Sie gut. Unsere Welt unterliegt unveränderlichen Naturgesetzen – Gesetzen, die von derselben Naturkraft hervorgebracht wurden, die die Welt erschaffen und Sie hergesandt hat. Man kann ein Spiel wie Golf nicht spielen, wenn man die Regeln nicht kennt. Nun, auch das Leben ist eine Art Spiel. Und um zu spielen – und zu gewinnen –, ist es unerlässlich, dass Sie sich mit den Regeln vertraut machen. Wenn Sie Ihr Leben danach ausrichten, wird es Ihnen keine Probleme bereiten.

28. APRIL

Das Leben möchte, dass Sie gewinnen. Wussten Sie das schon? Sie müssen nur aufhören, sich selbst im Weg zu stehen, und die Spielregeln so schnell wie möglich herausfinden. Um die Spielregeln zu lernen, bedarf es einer gewissen Anstrengung, tiefen Nachdenkens an stillen Orten und der echten Bereitschaft, ein Philosoph zu werden.

29. April

Wer auf dem Weg seines Schicksals voranschreiten und sein großartiges Leben zur Entfaltung bringen möchte, muss Wertschätzung für Weisheit entwickeln und einen Hunger danach, zu verstehen, worum es in seinem Leben geht. Diese Welt wäre ein viel besserer Ort, wenn wir alle beginnen würden, uns als Philosophen zu betrachten, die sich gedanklich und künstlerisch mit der Gestaltung eines erfreulicheren und sinnvolleren Lebens befassen.

30. April

Richten Sie Ihr tägliches Handeln nach den zeitlosen Naturgesetzen aus, und Sie werden gewissermaßen automatisch auf die Schnellstraße zu Ihrem großartigen Leben gelangen. Andernfalls bleibt Ihnen nur der lange, beschwerliche Weg nach Hause.

Mai

SCHICKSAL UND SINN DES LEBENS

AUTHENTIZITÄT

1. Mai

Naturgesetze haben von Anfang an bestimmt, wie die Welt funktioniert. Dazu gehören Grundprinzipien wie »Hilf anderen, zu bekommen, was sie wollen, dann bekommst auch du, was du willst«, »Sei allzeit integer«, »Lebe im Hier und Jetzt«, »Werde der freundlichste Mensch, den du kennst«, »Gib dein Bestes und sei ausgezeichnet in allem, was du tust«, »Bleibe dir selbst treu« und »Träume mutig«. Die meisten von uns kennen diese Grundsätze, aber nur wenige leben nach ihnen.

2. Mai

Auf seinem Sterbebett wurde Platon von einem Freund gebeten, sein großes Lebenswerk, die *Dialoge,* kurz zusammenzufassen. Nach langem Nachdenken antwortete Platon mit den knappen Worten: »Übe das Sterben.« Die alten Denker hatten auch einen Spruch, der Platons Gedanken mit anderen Worten ausdrückt: »Der Tod sollte den jungen Menschen ebenso vor Augen stehen wie den sehr alten. Man sollte daher jeden Tag so gestalten, als wäre er der letzte, der unser Leben abrundet und vollendet.« Die Zeit ist ein unbezahlbares Gut, und der beste Zeitpunkt, ein reicheres, weiseres und erfüllteres Leben zu führen, ist jetzt.

3. Mai

Das Leben ignoriert nicht die Sehnsüchte Ihres Herzens. Der Teil des Plans, der für Sie geschrieben wurde, würde niemals beinhalten, dass Sie etwas tun, was für Sie falsch wäre. Der Grundgedanke ist, dass Sie glücklich sind. Ihr Schicksal wird Sie niemals dazu bringen, etwas zu tun, das Sie unglücklich machen würde.

4. MAI

Denken Sie daran, dass nicht immer alles so läuft, wie Sie es sich wünschen. Es ist eine höhere Intelligenz im Spiel, deren Logik wir oft nicht verstehen können. Doch wenn Sie einfach Ihr Bestes geben und das Leben den Rest erledigen lassen, wenn Sie alles akzeptieren, was kommt, in dem Wissen, dass es zu Ihrem höchsten Wohl ist, dann wird sich das Leben wunderbar entfalten. Besser als erwartet, um genau zu sein.

5. Mai

Der Mensch hat nicht ohne Grund einen freien Willen: Er kann die notwendigen Schritte unternehmen, um seine Träume und sein Schicksal zu verwirklichen. Es gibt eine Menge Leerstellen, die wir ausfüllen können, und viele Punkte, die es zu verbinden gilt. Sie müssen sich anstrengen und die notwendigen Opfer bringen, um das Leben Ihrer Träume zu leben. Harte Arbeit, Selbstdisziplin und tägliche Verbesserung sind wesentliche Elemente, um herauszuragen.

6. Mai

Jede Sekunde, die Sie in der Vergangenheit verweilen, raubt Ihnen die Zukunft. Jede Minute, die Sie damit verbringen, sich auf Ihre Probleme zu konzentrieren, hält Sie davon ab, die Lösungen zu finden. Und wenn Sie über all die Dinge nachdenken, von denen Sie sich wünschen, dass sie nie geschehen wären, verhindern Sie, dass all die Dinge, die Sie sich wünschen, in Ihr Leben treten.

7. Mai

Wenn Sie Ihr Bestes gegeben haben, entspannen Sie sich und akzeptieren Sie, was immer nun zu Ihnen zurückkommt. Sie haben alles getan, was Sie tun konnten. Sie haben verantwortungsbewusst gehandelt und Ihre bestmöglichen Entscheidungen getroffen. Überlassen Sie es nun der höheren Macht, Sie dorthin zu führen, wo Sie hingelangen sollen. Lassen Sie sich vom Leben auf den Weg Ihrer Bestimmung führen.

8. Mai

Ein erfülltes Leben entsteht nicht durch das Anhäufen von Gegenständen, sondern durch die Verwirklichung unseres Selbst. Im Leben geht es nicht darum, schöne Dinge zu sammeln, obwohl nichts dagegenspricht, sie zu besitzen. Aber das materielle Streben sollte nicht der Hauptzweck sein, der Ihren Tag bestimmt. Wenn Sie hingegen die Zeit, die Sie mit Ihrer Familie verbringen oder der persönlichen Weiterentwicklung widmen könnten, der Jagd nach materiellen Dingen opfern, werden Sie eines Tages in einem sehr betrüblichen Zustand enden.

9. Mai

Anfängliche Verwirrung führt im Laufe der Zeit immer zu Klarheit, und es kommt ein Moment, in dem all die neuen Erkenntnisse sich auf wunderbare Weise in Ihr Weltverständnis integrieren. Dies ist der Beginn wahrer Weisheit. Feiern Sie Ihre Verwirrung, denn sie ist schlicht ein Spiegelbild Ihres persönlichen Wachstums. Es ist immer ein wenig chaotisch, wenn wir den sicheren Hafen des Bekannten verlassen und vorstoßen in neue Gefilde.

10. Mai

Ein weiser Mann traf eines Tages einen Bettler auf der Straße. Der Bettler, der nicht wusste, mit wem er es zu tun hatte, hielt den Weisen an und stellte ihm drei Fragen: Warum bist du hier? Wohin gehst du? Gibt es einen wichtigen Grund, warum du dorthin gehst? Der Weise schaute den Bettler an und fragte ihn, wie viel Geld er normalerweise an einem Tag verdiene. Als er die ehrliche Antwort hörte, sagte der Weise: »Bitte komm und arbeite für mich. Ich werde dir das Zehnfache zahlen, wenn du mir nur jeden Morgen diese drei Fragen stellst, bevor ich meditiere.«

11. Mai

Wir müssen stetig mit unseren Träumen in Verbindung sein. Das Universum ist uns wirklich freundlich gesinnt, und wir wären nicht in der Lage, einen Traum zu träumen, wenn wir nicht auch die Fähigkeit besäßen, den Traum zum Leben zu erwecken. Nehmen Sie sich also immer wieder die Zeit, über Ihre Träume und Ihre am innigsten gehegten Visionen nachzudenken.

12. Mai

Wenn ein Suchender auf dem Weg zurück zu seinem wahren Selbst – zu seiner Bestimmung – die Entscheidung trifft, sich dem Leben zuzuwenden, das für ihn bestimmt ist, wird er unweigerlich an einen Punkt gelangen, an dem er zu erkennen beginnt, dass es da draußen eine ganz andere Welt gibt als diejenige, die er bisher gekannt hat. Dies ist ein unvorstellbarer Ort, an dem ein Mensch ankommen kann. Die Grenzen verschwinden. Er ist bereit, sich auf das Mögliche einzulassen.

13. Mai

Wenn Sie die Illusion aufgeben, die Ihr Leben war, und die Welt als das sehen, was sie wirklich ist – ein Ort von erstaunlicher Schönheit –, dann wird sich auch das Tempo der Synchronizität in Ihrem Leben beschleunigen. Je mehr Mut und Überzeugung Sie an den Tag legen, um das Leben zu leben, das das Universum für Sie vorgesehen hat, desto mehr wird es Ihnen seinen Segen schicken. Es wird Ihnen sein grünes Licht geben.

14. MAI

Das Leben ist eine Schule des Wachstums, die im Idealfall so eingerichtet ist, dass sie uns die Möglichkeit bietet, all die Lektionen zu lernen, die wir im Laufe unseres Lebens auf diesem Planeten lernen müssen. Wir leben gewissermaßen in der »Schule der Erde«.

15. Mai

Die Vergangenheit ist Schnee von gestern, und die Zukunft ist eine ferne Sonne am Horizont unserer Vorstellung. Der wichtigste Moment ist das Jetzt. Lernen Sie, darin zu leben und ihn voll auszukosten.

16. Mai

Das Traurigste im Leben ist nicht der Akt des Sterbens, sondern dass wir es nicht schaffen, wirklich zu leben, solange wir noch am Leben sind. Zu viele von uns schätzen ihr Leben gering und lassen nie die Fülle ihrer Menschlichkeit zum Vorschein kommen.

17. Mai

Wenn Sie nicht auf das Leben reagieren, hat das Leben die Angewohnheit, auf Sie zu reagieren. Die Tage werden zu Wochen und die Wochen zu Monaten, und ehe man es wirklich bemerkt, ist das Leben vorbei. Das Leben ist ziemlich kurz, egal wie viele Jahre einem geschenkt werden. Ehe man sich's versieht, ist man Staub. Die Schlussfolgerung liegt auf der Hand: Hören Sie auf, Ihr Leben standardmäßig zu leben, und fangen Sie an, Ihr Leben nach Ihrem eigenen Plan zu führen. Nehmen Sie teil am Spiel und ergreifen Sie Maßnahmen, um jene reichere Realität zu schaffen, von der Sie tief in Ihrem Herzen wissen, dass Sie dazu bestimmt sind, sie zu schaffen.

18. Mai

Die Tatsache, dass Sie große und wichtige Fragen formulieren, bedeutet, dass Sie erwachen und wachsen. Sie treten heraus aus der Masse und entwickeln ein größeres Bewusstsein. Wenn Sie die richtige Frage stellen, finden Sie oft auch die richtige Antwort. Auf diese Weise entdecken Sie Ihre Wahrheit und Ihr authentisches Leben.

19. Mai

Hinterfragen setzt das Wissen frei, das bereits in Ihrem Herzen existiert. Stellen Sie die richtige Frage, und ich verspreche Ihnen, die Antwort, die Sie suchen, wird auftauchen – wenn die Zeit dafür reif ist. Fragen sind mächtig.

20. Mai

Ein wichtiges Naturgesetz lautet: Wir bekommen nie mehr, als wir bewältigen können. Der Weg ist liebevoll für Sie geplant, und Sie werden nie mehr Wissen oder Wahrheit erhalten, als Sie zu verarbeiten fähig sind. Alle Teile kommen erst zu Ihnen, wenn Sie bereit und in der Lage sind, sie zu empfangen. Der Schüler muss geduldig sein. Das Timing ist wichtig, und die Antworten werden kommen.

21. Mai

Es ist leicht, nicht auf die »stille kleine Stimme im Inneren« zu hören, wie die Quäker ihn nennen, den inneren Lotsen, der Ihre persönliche Quelle der Weisheit ist. Es ist oft schwierig, nach der eigenen Melodie zu tanzen und auf seine Instinkte zu hören, wenn die Welt um einen herum Druck ausübt, sich ihrem Diktat anzupassen. Doch um die Erfüllung, den Reichtum und die Größe zu finden, die Sie erstreben, müssen Sie auf Ihre Ahnungen und Gefühle hören, die Sie in jenen Momenten erreichen, in denen Sie ihrer ganz besonders bedürfen.

22. Mai

Sie befinden sich auf einem Weg, der schon von vielen großen Menschen vor Ihnen beschritten wurde. Ihre Erfahrung ist nicht einzigartig. Halten Sie einfach an Ihrer Überzeugung fest und entscheiden Sie sich, immer tiefer in sich selbst zu gehen. Alle Antworten, die Sie suchen, sind in Ihnen.

23. Mai

Das Leben ist ein wunderschöner und perfekt gewebter Wandteppich. Wir erhalten oft nicht das, was wir wollen, aber immer das, was wir brauchen. Wir bekommen immer, was in unserem höchsten Interesse ist. Das ist eine der größten Lektionen des Lebens.

24. Mai

Kein Buch könnte Ihnen jemals auch nur annähernd beibringen, was das Leben selbst Sie lehren kann, wenn Sie es mit offenen Augen leben und empfänglich für seine Lektionen sind. Risiken eingehen heißt leben. Wir meiden Risiken und Wagnisse und denken, dass dies eine sichere Art zu leben sei, obwohl es eigentlich die unsicherste ist. Es gibt keine Sicherheit im sicheren Hafen des Bekannten. Das ist nur eine Illusion, zu der wir verführt werden. Und sie kann ein gutes Leben zerstören.

25. Mai

Eine Raupe kann nicht ewig in ihrem Kokon verharren. Ein Schmetterling muss schlüpfen, wenn die Zeit reif ist. Vertrauen Sie einfach auf das Timing der Natur; ihre Uhr tickt anders als Ihre. Denken Sie immer daran. Ihr Schmerz wird vergehen – das tut er immer.

26. Mai

Es ist eine großartige Kohärenz, die unser Leben steuert. Je bereitwilliger wir aufhören, Ergebnisse erzwingen zu wollen, und einfach in den Fluss des Lebens eintauchen, desto mehr wird der Zauber zum Vorschein kommen, der unser Leben auszeichnen soll. Der Versuch, alles zu erreichen und Ergebnisse zu erzwingen, ohne einen Ausgleich zu schaffen durch die Bereitschaft, die Dinge geschehen zu lassen, ist nichts anderes als der Wunsch nach Kontrolle.

27. Mai

Nicht jeder, der sich auf den Weg nach Hause begibt, wird das Ziel erreichen. Die meisten tun es nicht. Aber jeder Tag bietet uns die Möglichkeit, dem Ideal ein Stückchen näher zu kommen und mehr von dem zu werden, was wir werden sollen. Jeder Tag auf diesem Weg bringt uns größere Segnungen und mehr persönliche Kraft – sofern wir danach suchen. Und die authentische Kraft, die Sie durch die Arbeit an sich selbst zurückgewinnen, kann Ihnen nie wieder genommen werden. Sie bleibt Ihnen ein Leben lang erhalten.

28. Mai

Neugeborene repräsentieren die Vollkommenheit und den Zustand des Seins, zu dem zurückzukehren jeder von uns verpflichtet ist. In dem Augenblick, als Sie geboren wurden, waren Sie furchtlos, reine Liebe, unschuldig, unendlich weise, mit grenzenlosem Potenzial ausgestattet und auf wunderbare Weise mit der unsichtbaren Hand verbunden, die das Universum geschaffen hat. Die meisten Menschen auf diesem Planeten haben diese Verbindung zu ihrem authentischen Selbst verloren, diesen ursprünglichen Zustand, in dem wir keine Angst hatten, auf das Mögliche zuzugehen und nach den Sternen zu greifen. Wir haben vergessen, wer wir sind.

29. Mai

Jeder Einzelne von uns hat sowohl eine helle als auch eine dunkle Seite. Jeder von uns hat Fehler, die es zu beheben gilt, und Wunden, die danach schreien, geheilt zu werden. Jeder Einzelne von uns hat eine zersplitterte Seele. Dieser Zustand der Unvollkommenheit ist es, der uns zu Menschen macht.

30. Mai

Sie sind ein Suchender, wie so viele andere Menschen auf diesem Planeten heute. Die Welt verändert sich, weil Menschen, die sich einst damit begnügten, ein gewöhnliches Leben zu führen, nun aus ihrer Komfortzone heraustreten, um die Wildnis des Außergewöhnlichen zu erkunden. Die Menschen sind nicht mehr bereit, sich mit einem halbherzigen Leben zufriedenzugeben, das von ihrer authentischen Kraft abgekoppelt ist. Sie wollen großartig leben und zwischen den Wolken schweben, zwischen den Giganten wandeln und mit den Sternen tanzen.

31. Mai

Wenn Sie Ihr Leben verbessern und so leben wollen, wie Sie es verdienen, müssen Sie Ihr eigenes Rennen laufen. Es ist nicht wichtig, was andere Menschen über Sie sagen. Wichtig ist, was Sie zu sich selbst sagen und dass Sie sich in Ihrer Haut wohlfühlen. Seien Sie sich selbst treu. Das ist eine wichtige Quelle des Glücks.

JUNI

AUTHENTIZITÄT

WIDRIGKEITEN UND ENTTÄUSCHUNGEN ÜBERWINDEN

1. Juni

Jeder Mensch sollte sich die Zeit nehmen, eine Philosophie für sein Leben zu formulieren – das ist eines der wichtigsten Dinge, die ein Mensch tun kann. Jeder sollte, um wahrhaftig und großartig zu leben, definieren, wie er leben möchte und wie sein bestmögliches Leben aussehen soll. Wir brauchen eine Aussage, eine Erklärung auf einem Blatt Papier, die wir jeden Morgen wiederholen können, während der Rest der Welt noch schläft. Eine solche Aussage dient als moralischer Kompass, der unsere Entscheidungen leitet, und als Anker, der unsere besten Schritte absichert. Ohne eine philosophische Erklärung werden Sie Ihr Leben nach dem Zufallsprinzip leben und lediglich reagieren können auf alles, was sich im Laufe Ihrer Tage ergibt.

2. Juni

Die meisten Menschen verbringen mehr Zeit mit der Planung ihres Sommerurlaubs als mit der Planung ihres Lebens. Machen Sie sich Gedanken über Ihr Leben. Stellen Sie sich die Frage: »Wie soll ich leben?« Fragen Sie sich, was von Ihnen erwartet wird, welche Dinge Sie in Ihrem Leben nicht mehr dulden und welche Maßstäbe Sie an sich selbst anlegen wollen.

3. JUNI

Als Kleinkinder sind wir wahrhaft vollkommen. Wir sind noch mit der Kraft verbunden, die die Welt erschaffen hat. Doch mit zunehmendem Alter übernehmen wir Ängste aus der Welt um uns herum. Wir wollen, dass unsere Eltern uns lieben und bewundern. Also richten wir uns nach ihrem Beispiel und übernehmen ihre Ängste, ihre einschränkenden Überzeugungen und falschen Annahmen, damit wir ihnen ähnlicher werden. Das alles geschieht, weil wir uns nach Liebe sehnen. Wer Sie in diesem Moment sind, ist nicht der, der Sie wirklich sind. Vielmehr ist es jemand, zu dem Sie durch Ihr Dasein in dieser Welt wurden. Um all die Ängste zu überwinden, die Sie von der Welt um Sie herum angenommen haben, müssen Sie einen Schritt zurücktreten und die Quelle dieser Ängste erforschen. Dann müssen Sie sie verarbeiten, bis sie aus Ihrer Psyche verschwindet.

4. Juni

Wenn Sie nicht wissen, wer Sie sind und was Sie wirklich sein wollen, wie können Sie dann Ihr Schicksal erkennen und es annehmen, wenn es sich Ihnen darbietet? Erkennen Sie sich selbst, und Ihr Schicksal wird Sie finden. Klarheit geht der Meisterschaft voraus.

5. Juni

Wirklich erfolgreiche Menschen streben nie danach, wie andere zu sein. Sie streben vielmehr danach, besser zu sein als ihr früheres Selbst. Treten Sie nicht gegen andere an. Treten Sie gegen sich selbst an. Nehmen Sie sich einfach vor, besser zu sein als der, der Sie gestern waren, und es werden sich außergewöhnliche Dinge für Sie ergeben.

6. JUNI

Wirklich jeder Mensch auf der Welt hat irgendeine Angst, die ihn daran hindert, sein wahres Potenzial auszuschöpfen. Der Zustand des Menschseins selbst ist von Unvollkommenheit geprägt, und ein Großteil dieser Unvollkommenheit ist auf die Ängste zurückzuführen, die wir übernommen haben, als wir die Vollkommenheit unserer ursprünglichen Natur verließen und hinauszogen in die Welt.

7. JUNI

Hören Sie auf, sich dem sozialen Druck Ihrer Umwelt auf Kosten Ihrer Einzigartigkeit zu beugen. Wenn Sie das Leben der erfolgreichsten und berühmtesten Menschen der Welt studieren, werden Sie feststellen, dass es ihnen egal war, was andere von ihnen dachten. Anstatt sich von der öffentlichen Meinung treiben zu lassen, hatten sie den Mut, sich von ihrem Herzen leiten zu lassen. Und indem sie den weniger befahrenen Weg wählten, fanden sie einen Erfolg, der ihre kühnsten Träume übertraf. Authentischer Erfolg ist kein Beliebtheitswettbewerb.

8. Juni

Es erfordert viel Kraft, sich von der Masse abzuheben und seiner ursprünglichen Natur treu zu bleiben. Genau darum aber geht es bei der Kunst der Lebensführung – sich von der Masse zu unterscheiden und dem treu zu bleiben, was man wirklich ist. Laufen Sie Ihr eigenes Rennen, leben Sie Ihre Wahrheit.

9. Juni

Wir sind bereits alles, was wir uns immer zu sein erträumt haben. Wir haben es nur auf dem Weg dorthin vergessen. Es geht also nicht in erster Linie darum, uns so zu entwickeln, dass wir jemand Neues werden. Das Ziel besteht vielmehr darin, zu entdecken, wer wir wirklich sind – und zu dem zu stehen, was wir werden sollen.

10. Juni

Es gibt keinen einzigen Menschen auf der Welt, der sich verbessern muss – man kann Vollkommenheit nicht verbessern, und jeder diesbezügliche Vorschlag führt nur dazu, dass wir uns noch schuldiger fühlen, weil wir scheinbar nicht gut genug sind. Die Aufgabe eines jeden Menschen ist keine solche Selbstverbesserung, sondern die Selbsterinnerung. Sich an sich selbst zu erinnern, bedeutet, den Zustand des Seins und die authentische Kraft zurückzufordern, die wir verloren haben, als wir den idealen Zustand eines Neugeborenen hinter uns ließen und in diese angsterfüllte Welt hinausgingen, eine Welt, die uns auf dem Weg dorthin verdorben hat.

11. Juni

Nichts ist wichtiger, als den Mut aufzubringen, sein Leben zu leben.

12. Juni

Die meisten Menschen, die mit der Masse gehen, drücken in ihrem Leben nie die Pausentaste und halten auch nur sechzig Sekunden inne, um darüber nachzudenken, warum sie eigentlich hier sind und was ihre Aufgabe ist. Hören Sie auf, immer nur beschäftigt zu sein. Werden Sie nachdenklicher.

13. Juni

Auf dem Weg zu Ihrem authentischen Leben – wenn Sie die Masse verlassen und beginnen, nach Ihren Werten, Ihren Überzeugungen und Ihren Herzenswünschen zu leben – kommen Sie als Suchender unweigerlich an den »Punkt der Entscheidung«. Wie Sie sich in dieser Situation verhalten, davon hängt ab, wie sich der Rest Ihres Lebens entfalten wird.

14. Juni

Der Sinn des Lebens besteht darin, zurückzufinden zur Ganzheit, zurück zu einem Ort der Integrität, zurück zu Ihrem authentischen Selbst – einem Selbst, das furchtlos, allwissend und von grenzenloser Liebe erfüllt ist.

15. Juni

Der Prozess, durch den wir unser authentisches Selbst aufgeben und zu Menschen werden, die wir nicht sind, indem wir die Überzeugungen, Werte und Verhaltensweisen der Menschen um uns herum übernehmen, wird als Enkulturation bezeichnet. Und wenn wir unser wahres Selbst hinter uns lassen und uns in unser soziales Selbst verwandeln, entsteht eine Lücke. Wir geben unser ursprüngliches Wesen auf und nehmen die falsche Maske unserer Persönlichkeit an.

16. JUNI

Je größer die Kluft ist zwischen dem, was wir wirklich sind, und der öffentlichen Person, die wir der Welt präsentieren, desto schlechter wird unser Leben funktionieren. Und desto weniger Freude werden wir erleben. Woran liegt das? Der Grund ist, dass es kein Glück geben kann, wenn wir uns selbst verraten.

17. Juni

Dunkelheit ist nichts anderes als die Abwesenheit von Licht: Sobald Sie das Licht des menschlichen Bewusstseins in die dunkelsten Ecken Ihres Wesens richten, werden Sie zu einem Wesen voller Licht. Wo einst Angst war, wird Liebe sein. Erinnern Sie sich daran, was es bedeutet, »er-leuchtet« zu sein: ein von Licht erfülltes Wesen zu sein.

18. Juni

Mit jedem Schritt, den Sie tun, um Liebe auszustrahlen, wenn die Angst Sie übermannen will, fordern Sie Ihre ursprüngliche Natur zurück – und erinnern sich an sie. Alles, was Sie tun, um der Welt Ihr höchstes Selbst zu präsentieren, hat ebenfalls den Effekt, dass Sie sich mehr von der authentischen Kraft zurückholen, mit der Sie geboren wurden.

19. Juni

Die meisten von uns tragen ihr ganzes Leben lang eine gesellschaftliche Maske, die ihr wahres Ich verbirgt. Anstatt unsere ganze Menschlichkeit zu zeigen, arbeiten wir hart daran, ein Bild jener Person zu formen, von der wir glauben, dass die Welt sie sehen will. Wir sagen Dinge, die andere von uns hören wollen, tragen Kleidung, die andere an uns sehen wollen, und tun Dinge, die andere von uns erwarten. Statt das Leben zu leben, das uns zugedacht ist, leben wir das Leben anderer Menschen. Auf diese Weise sterben wir einen langsamen Tod.

20. JUNI

Nehmen Sie sich die Zeit, sich mit Ihrer spielerischen Seite, dem Kind in Ihnen zu verbinden. Nehmen Sie sich die Zeit, die positiven Eigenschaften von Kindern zu studieren und ihre Fähigkeit nachzuahmen, energiegeladen und fantasievoll zu bleiben und ganz im Augenblick zu leben, ganz gleich, was um sie herum vorgeht.

21. Juni

Alle großen Weisheitstraditionen der Welt sind zum selben Schluss gekommen: Um wieder mit dem Kern dessen in Verbindung zu kommen, was Sie als Mensch ausmacht, und um die Großartigkeit zu erkennen, die in Ihnen ruht, müssen Sie sich regelmäßig Zeit nehmen, zu schweigen. Gewiss, Sie sind beschäftigt. Aber wie Thoreau sagte: »Es genügt nicht, beschäftigt zu sein, das sind die Ameisen auch. Die Frage ist vielmehr: Womit sind Sie so beschäftigt?«

22. JUNI

Wenn Sie auf dem Weg zur Selbstbeherrschung immer höhere Stufen erreichen, werden Sie Ihre eigene Philosophie darüber entwickeln, wie das Leben funktioniert und welchen Platz Sie darin einnehmen. Sie werden die Wahrheiten anderer auswählen, die mit Ihrem tiefsten Inneren übereinstimmen. Sie werden die Weisheit anderer integrieren, die für Sie wahr klingt. Und Sie werden jene Ideen verwerfen, die Sie nicht ansprechen und die keinen Sinn ergeben. Auf diese Weise schmieden Sie Ihren eigenen authentischen Kodex und Ihre persönliche Verfassung, um Ihr großartigstes Leben zu leben. Dann beginnen Sie zu strahlen.

23. Juni

Wenn wir den Geist erwecken, nähren wir unser höchstes Selbst. Das sieht für verschiedene Menschen unterschiedlich aus. Für einige mag der Geist mit dem Gebet verbunden sein. Für andere spiegelt sich die Pflege des Geistes vielleicht in der Verbindung mit der Natur oder im Hören von bewegender Musik wider. Für wieder andere bedeutet die Erweckung des Geistes den Dienst am Nächsten, ehrenamtliches Engagement und das Leben für eine Sache, die größer ist als man selbst.

24. Juni

Klugen Menschen ist bewusst, dass jeder Tag ihr letzter sein könnte. Daher verpflichten sie sich, jeden Tag Liebe zu verkörpern und nicht Angst. Und sie entscheiden sich immer wieder dafür, außergewöhnlich zu sein – auch wenn es schwierig ist – und nicht gewöhnlich.

25. Juni

Je besser wir uns selbst kennen, desto leichter können wir authentische Entscheidungen treffen, um die Reise zurück zu jenem Ort anzutreten, von dem wir in unserem Innersten schon immer wussten, dass wir dort sein wollen. In den griechisch-römischen Tempeln der Vergangenheit standen über dem Eingang oft die folgenden Worte: »Erkenne dich selbst, und du wirst die Geheimnisse des Universums und der Götter erkennen.«

26. Juni

Wachstum vollzieht sich bisweilen über schwierige Wege. Aber Wachstum ist immer gut. Wenn Sie Ihr Leben aus einer Höhe von fünfzehn Kilometern betrachten könnten, würden Sie sehen, dass alles, was geschieht, sehr schön ist. Eigentlich unbezahlbar.

27. Juni

Wir haben buchstäblich Angst vor dem, was oder wer wir wirklich sind. Wir haben Angst vor unserem Licht. Wir haben Angst vor unserer Außergewöhnlichkeit. Wir haben Angst vor unseren höchsten Möglichkeiten. Wir haben Angst, aufrecht zu stehen und unser Licht in die Welt strahlen zu lassen. Mit großen Gaben geht große Verantwortung einher. Die meisten Menschen wollen sich nicht mit ihren Gaben auseinandersetzen, weil sie sich nicht mit der Verantwortung beschäftigen wollen, die diese Gaben mit sich bringen – der Verantwortung, furchtlos zu leben und in der Welt etwas zu bewirken. Und damit schrecken sie vor ihrer eigenen Größe zurück.

28. Juni

Gespräche vertiefen Überzeugungen. Je mehr Sie sich über die Ziele, die Sie erreichen wollen, im Klaren sind, desto mehr werden Sie in der Lage sein, sich dem zu widmen, was getan werden muss. Worte sind mächtig.

29. Juni

Wenn wir auf das sanfte Flüstern der heiligsten Orte des Herzens lauschen, geht es darum, dass wir die Rufe aus dem tiefsten Inneren wahrnehmen und auch beherzigen. Manchmal hören wir dieses Flüstern, wenn wir ganz mit der Natur verbunden sind, zum Beispiel auf einem einsamen Waldspaziergang an einem herrlichen Herbsttag. Manchmal vernehmen wir dieses Flüstern, wenn wir die Stille erleben – in der Meditation oder einer anderen Form der Kontemplation. Und manchmal gelangen diese Rufe in den schwierigsten und scheinbar hoffnungslosen Momenten des Lebens zu uns, etwa wenn jemand stirbt, den wir lieben, oder wenn einer unserer Träume zerbricht. Die schlichte Weisheit lautet: Achten Sie auf die innere Stimme, die Sie auf den Weg Ihrer Bestimmung führt. Hören Sie darauf, was Ihr Herz Ihnen sagt. Und verpflichten Sie sich, Ihrer Bestimmung gemäß zu leben, damit Sie ein bedeutungsvolles Erbe hinterlassen.

30. Juni

Ihre Wunden können in Weisheit verwandelt werden. Ihre Stolpersteine können zu Sprungbrettern werden, wenn Sie es wollen. Verpassen Sie nicht die bemerkenswerten Gelegenheiten, die Widrigkeiten und sogar Tragödien bieten. Ihr Leben kann durch die Dinge, die Ihnen das Herz brechen, noch besser und schöner werden.

Juli

WIDRIGKEITEN UND ENTTÄUSCHUNGEN ÜBERWINDEN

1. Juli

Unmittelbar vor einem großen Sieg erlebt man oft eine verblüffende Niederlage. In dieser Situation kommt es darauf an, sich nicht aus der Ruhe bringen zu lassen und weiter an sich zu glauben. Geben Sie nicht auf.

2. JULI

Ganz gleich, was Ihnen in Ihrem Leben widerfährt, Sie allein können entscheiden, wie Sie darauf reagieren wollen. Wenn Sie es sich zur Gewohnheit machen, in jeder Situation nach dem Positiven zu suchen, wird Ihr Leben in die höchsten Dimensionen vordringen. Dies ist eines der wichtigsten Naturgesetze für Erfolg und Glück.

3. JULI

Es gibt keine Fehler im Leben, nur Lektionen. Es gibt keine negativen Erfahrungen, sondern nur Gelegenheiten, zu wachsen, zu lernen und auf dem Weg der Selbstbeherrschung voranzukommen. Aus Kämpfen erwächst Stärke. Selbst Schmerz kann ein wunderbarer Lehrer sein.

4. Juli

Leid war schon immer ein Mittel für tiefgreifendes spirituelles Wachstum. Jene, die großes Leid ertragen haben, sind im Allgemeinen jene, die sich zu großen Persönlichkeiten entwickeln. Jene, die vom Leben zutiefst verletzt wurden, sind in der Regel jene, die den Schmerz anderer in einem Herzschlag erspüren können. Jene, die Schweres ertragen haben, wurden durch das Leben gedemütigt und sind infolgedessen offener, mitfühlender und wahrhaftiger.

5. Juli

Wir mögen es vielleicht nicht, wenn uns das Leben Heimsuchungen schickt, aber es ist sehr nützlich für uns: Es sprengt die Schale, die unser Herz überzogen hat, und befreit uns von den Lügen, an die wir uns geklammert haben, von den Lügen darüber, wer wir sind, warum wir hier sind und wie diese bemerkenswerte Welt wirklich funktioniert.

6. JULI

Wenn wir harte Zeiten durchleben, denken wir, dass unsere Sicht auf die Welt der Realität entspräche. Das ist eine falsche Annahme. Wir betrachten die Welt einfach aus unserem hoffnungslosen Blickwinkel. Wir sehen die Dinge mit traurigen und trostlosen Augen. In Wirklichkeit aber wird die Welt wieder besser aussehen, wenn wir uns selbst wieder besser fühlen. Und wenn wir innerlich in einen Zustand der Freude zurückkehren, wird unsere äußere Welt uns dieses Gefühl widerspiegeln.

7. Juli

Die Welt ist ein Spiegel. Wir erhalten vom Leben nicht, was wir wollen, sondern es zeigt uns, wer wir sind. Es gibt Jahreszeiten in unserem Leben, und schmerzvolle Zeiten sind nie von Dauer. Vertrauen Sie darauf, dass der Winter Ihres Kummers dem Sommer Ihrer Freude weichen wird, so wie die hellen Strahlen der Morgensonne auf den dunkelsten Moment der Nacht folgen.

8. Juli

Schmerz und Widrigkeiten sind mächtige Mittel, um persönliches Wachstum zu fördern. Nichts hilft Ihnen mehr, schneller zu lernen, zu wachsen und sich weiterzuentwickeln. Nichts bietet Ihnen eine so große Chance, mehr von Ihrer authentischen Kraft zurückzugewinnen.

9. Juli

Sie würden nicht über Ihre heutige Weisheit und Ihr jetziges Wissen verfügen, wenn Sie alle erlittenen Rückschläge, alle eigenen Fehler und alles Leid, das Sie ertragen mussten, nicht erlebt hätten. Sie können nicht lernen, wie man Gitarre spielt, ohne ein paar falsche Noten zu treffen, und Sie werden nie lernen, wie man segelt, wenn Sie nicht bereit sind, mit dem Boot ein paarmal zu kentern. Fangen Sie an, Ihre Probleme als Segen zu sehen.

10. Juli

Es stimmt, dass wir in unseren dunkelsten Zeiten bereit sind, am tiefsten zu gehen. Wenn alles gut läuft, leben wir oberflächlich; wir sind nicht sehr nachdenklich. Aber wenn die See rau wird, gehen wir in uns und überlegen, warum alles so gekommen ist. Dies führt oft zu bemerkenswerten Erkenntnissen und zu persönlichem Wachstum. Und im Leben geht es um Wachstum und darum, die Person zu werden, die wir sein sollen.

11. Juli

Wir alle streben auf unterschiedlichen Wegen unserem endgültigen Ziel entgegen. Für einige ist der Weg steiniger als für andere. Aber niemand erreicht das Ziel, ohne mit irgendeiner Form von Widrigkeiten konfrontiert zu werden. Warum also sollten wir diese, anstatt dagegen anzukämpfen, nicht als Teil des Lebens akzeptieren? Warum sollten Sie sich nicht von den Ergebnissen dieser Momente lösen und einfach jeden Umstand, der in Ihr Leben tritt, mit allen Sinnen wahrnehmen? Fühlen Sie den Schmerz und genießen Sie das Glück. Wenn Sie noch nie in den Tälern waren, ist der Blick vom Berggipfel nicht so atemberaubend.

12. Juli

Widrigkeiten stimmen uns philosophischer. In herausfordernden Zeiten fangen wir an, uns die großen Fragen des Lebens zu stellen, fragen zum Beispiel, warum Leid geschieht, warum unsere ausgeklügelten Pläne nicht so aufgehen, wie wir es erwarten, und ob das Leben von der stummen Hand des Zufalls oder der mächtigen Faust der Entscheidung bestimmt wird.

13. Juli

Die Dinge sind nie so schlimm, wie sie erscheinen. Die Situationen, die uns Kummer bereiten, sind dieselben, die uns mit der Stärke, der Macht und der Weisheit vertraut machen, die wir wirklich verkörpern.

14. Juli

Es ist nichts Falsches daran, Fehler zu machen. Fehler gehören zum Leben und sind wichtig für unser persönliches Wachstum. Aber sehr falsch ist es, die gleichen Fehler immer und immer wieder zu machen, tagein, tagaus. Dies zeugt von einem völligen Mangel an Selbsterkenntnis, genau jener Eigenschaft, die den Menschen vom Tier unterscheidet. Lernen Sie aus Ihrem Leben und lassen Sie Ihre Vergangenheit für sich arbeiten.

15. Juli

Hören Sie ein für alle Mal auf, zu hart mit sich ins Gericht zu gehen. Sie sind ein menschliches Wesen, und Menschen sind dazu bestimmt, Fehler zu machen. Die Erkenntnis, dass wir alle Fehler machen und dass sie für unser Wachstum und unseren Fortschritt unerlässlich sind, ist befreiend. Wir verlieren das Bedürfnis, perfekt zu sein, und nehmen eine vernünftigere Art an, unser Leben zu betrachten. Wir können beginnen, durch das Leben zu fließen, wie ein Gebirgsbach durch einen Laubwald fließt, kraftvoll und doch anmutig. Wir können endlich in Frieden mit unserer wahren Natur leben.

16. Juli

Scheitern bedeutet, dass man nicht den Mut hat, es zu versuchen, nicht mehr und nicht weniger. Das Einzige, was zwischen den meisten Menschen und ihren Träumen steht, ist die Angst vor dem Scheitern. Dabei ist das Scheitern eine wesentliche Voraussetzung für den Erfolg in jedem Bereich. Es bietet uns Lektionen, aus denen wir lernen können, und führt uns auf den Weg zu echtem Erfolg.

17. Juli

Manche Menschen lernen aus den Fehlern, die andere gemacht haben. Sie sind die Weisen. Andere sind der Meinung, dass wahres Lernen nur durch persönliche Erfahrung möglich ist. Solche Menschen ertragen im Laufe ihres Lebens unnötigen Schmerz und Kummer.

18. Juli

Die einzigen Menschen, die nicht mit Problemen und Widrigkeiten zu kämpfen haben, liegen zwei Meter unter der Erde. Leben heißt, sich Problemen, Schmerzen und Leiden zu stellen. Diese Erlebnisse ermöglichen persönliches Wachstum, Entfaltung und lebenslanges Lernen. Sie sind ein Teil der menschlichen Erfahrung.

19. Juli

Die Prüfungen des Lebens sind nichts anderes als Gelegenheiten, Weisheit zu sammeln, und Angebote, uns stärker an unsere authentische Kraft zu erinnern, wenn wir es wollen. Aber vergessen wir nicht, dass jedes Leben auch seinen Anteil an Triumphen und schönen Zeiten hat.

20. Juli

Keine Not währt ewig. Kein Rückschlag ist für immer. Kein Elend dauert eine Ewigkeit. Es mag den Anschein haben, als würden die Widrigkeiten, die wir erleben, nie vergehen, aber das ist nicht die Wahrheit. Und die harten Zeiten sind letztlich die Zeiten, die uns zu etwas Besserem formen.

21. Juli

Wir können das Leid in unserem Leben verringern, indem wir die volle persönliche Verantwortung für uns übernehmen und jeden Tag kluge Entscheidungen treffen. Auf diese Weise gestalten wir unser Schicksal und werden in die Lage versetzt, ein viel glücklicheres Leben zu führen.

22. Juli

Albert Camus schrieb einmal: »Mitten im tiefsten Winter wurde mir endlich bewusst, dass in mir ein unbesiegbarer Sommer wohnt.« Wir erkennen erst dann, wie stark und widerstandsfähig wir sind, wenn wir mit einer Widrigkeit konfrontiert werden, die unseren Verstand durch Stress belastet und unser Herz mit Schmerz erfüllt. Dann wird uns klar, dass wir alle den Mut und die Fähigkeit in uns tragen, selbst die gefährlichsten Kurven zu meistern, in die das Leben uns schickt. Harte Zeiten machen uns stärker.

23. Juli

Nichts, was uns im Leben widerfährt, hat eine andere Bedeutung als die, die wir ihm beimessen. Schmerz und Leid entstehen nur durch Beurteilung. Wenn wir vom Urteilen ablassen und aufhören, die Dinge als »positiv« oder »negativ« zu bezeichnen, und sie einfach als Gelegenheiten akzeptieren, uns zu unserem höchsten Selbst zu entwickeln, verändert sich unser Leben. Und wir werden erfüllt mit Frieden und Freude.

24. Juli

So etwas wie eine »schlechte Erfahrung« oder auch eine »gute Erfahrung« gibt es nicht. Das alles ist einfach das Leben. Vielleicht ist das auch gut so.

25. Juli

Das Leiden im Leben ist in Wirklichkeit nichts anderes als der Unterschied zwischen dem, wie die Dinge sind, und dem, wie man sich vorstellt, dass sie sein sollten. Wenn es Ihnen gelingt, die Segnungen Ihrer gegenwärtigen Realität zu akzeptieren, ohne stets das Gefühl zu haben, dass Ihr Leben im Vergleich zu dem anderer schlecht sei, haben Sie einen Quantensprung auf dem Weg zu einem glücklicheren, friedvolleren Selbst gemacht.

26. JULI

Bevor ein Suchender das endgültige Ziel seines höchsten Selbst erreicht, wird er einer Prüfung unterzogen. Bevor er den Schatz findet, nach dem er sich gesehnt hat, muss er eine Prüfung bestehen. Das ist unvermeidlich auf dem Lebensweg. Wenn Sie irgendein großes Buch der Weisheit studieren, das diese Reise des persönlichen Erwachens beschreibt, werden Sie sehen, dass der Suchende – oder der Held – immer mit einer Prüfung oder einer Widrigkeit konfrontiert wird, bevor er den Preis in Empfang nehmen darf: das Leben, das er sich gewünscht hat.

27. Juli

Die meisten Menschen geben auf, kurz bevor sie ihre Träume erreichen. Die meisten Menschen verlässt der Mut, wenn sie nur noch wenige Schritte davon entfernt sind, alles zu bekommen, was sie sich wünschen. Lassen Sie nicht zu, dass auch Ihnen dies widerfährt.

28. Juli

Denken Sie daran, dass das Leben eine Abfolge von Jahreszeiten ist. Jeder Mensch muss die Strenge einiger Winter ertragen, um in den Genuss der Herrlichkeit der besten Sommer zu kommen. Und vergessen Sie nie, dass die Winter nicht von Dauer sind.

29. Juli

Denken Sie immer daran, dass wir an unserem größten Leid am meisten wachsen. Während wir das Leid durchmachen, tut es weh. Aber wenn wir es durchstehen, heilt es auch. Fällt ein Wasserkrug auf den Boden und bekommt Risse, fließt das, was darin verborgen war, heraus. Wenn das Leben Ihnen eine seiner Prüfungen schickt, denken Sie daran, dass diese dazu dienen soll, Sie aufzubrechen, damit all die Liebe, die Kraft und das Potenzial, die in Ihnen schlummern, in die Welt hinausfließen können. Und wie ein gebrochener Knochen werden wir an den verletzten Stellen stärker.

30. JULI

In schwierigen Zeiten neigen wir dazu, uns gehen zu lassen. Wenn Sie mit Widrigkeiten konfrontiert werden, sollten Sie die Disziplin aufbringen, Ihre Routine beizubehalten. Stehen Sie früh auf. Absolvieren Sie Ihre heilige Stunde. Ernähren Sie sich gesund. Bewegen Sie sich, verbringen Sie Zeit in der Natur und tun Sie alles, was Sie können, um alle vier zentralen Dimensionen – den Verstand, den Körper, das Herz und den Geist – im Gleichgewicht zu halten.

31. Juli

Spüren Sie Ihre Gefühle. Wenn Sie schwere Zeiten durchmachen, werden Ihnen manche Leute sagen, Sie sollten »nur positive Gedanken denken«. Man darf ein sogenanntes negatives Ereignis nicht vorschnell in ein positives umdeuten. Das führt nur dazu, dass man sich selbst belügt. Setzen Sie sich den Gefühlen von Schmerz, Wut oder Traurigkeit aus, die ganz natürlich auftauchen werden. Es ist in Ordnung, mit ihnen zu leben. Es ist sogar heilsam. Wenn Sie sie verarbeiten, können Sie sie loslassen. Bleiben Sie nur nicht in ihnen stecken. Trauern Sie, wenn Sie dieses Bedürfnis verspüren. Wenn es dann an der Zeit ist, zu gehen und weiterzuziehen, ziehen Sie weiter. Das Leben ist für die Lebenden.

AUGUST

DIE MENSCHLICHE NATUR VERSTEHEN

LEADERSHIP

EHRE UND CHARAKTERSTÄRKE

ECHTER ERFOLG

1. AUGUST

Nur Menschen, die Schmerz erleiden, können schmerzhafte Dinge tun. Nur Menschen, die verletzt worden sind, können andere verletzen. Nur Menschen mit einem verschlossenen Herzen sind in der Lage, anders als liebevoll zu handeln.

2. AUGUST

Um zu siegen, muss man zuerst nachgeben. Anstatt gegen die Veränderung anzukämpfen, sollte man mit ihr fließen. Die Natur des Wassers ist es, zu fließen. Es fließt mit der Strömung. Es widersetzt sich nicht. Es zögert nicht, bevor es nachgibt. Aber es ist auch eine der stärksten Kräfte auf der Erde.

3. AUGUST

In Krisenzeiten einen kühlen Kopf zu bewahren, kann Ihnen Jahre des Schmerzes und der Qualen ersparen. Eine ausgezeichnete Methode, um Ihr Temperament zu zügeln, ist der sogenannte »Drei-Tore-Test«. Die alten Weisen sprachen nur, wenn die Worte, die sie sagen wollten, drei Tore passiert hatten. An der ersten Pforte fragten sie sich: Sind diese Worte wahrhaftig? Wenn ja, konnten die Worte weiterziehen zur zweiten Pforte. Dort fragten die Weisen: Sind diese Worte notwendig? Wenn ja, konnten sie zum dritten Tor weitergehen, wo folgende Frage gestellt wurde: Sind diese Worte freundlich? Erst wenn auch dies bejaht wurde, durften die Worte die Lippen der Weisen verlassen und hinausgesandt werden in die Welt.

4. August

Führung ist in Wirklichkeit eine Lebensphilosophie. Firmenchefs und Manager können großartige Führungskräfte sein, aber auch fürsorgliche Lehrer, engagierte Wissenschaftler und mitfühlende Mütter. Trainer leiten Sportmannschaften, und Politiker führen Gemeinschaften. Und alles beginnt im Inneren, indem man die notwendige Selbstdisziplin hat, um zu führen und sich selbst zu kennen. Man kann auch führen, ohne einen Titel zu besitzen.

5. AUGUST

Visionäre Führungspersönlichkeiten zeigen ihren Leuten eine höhere, inspirierendere Realität, wenn der Rest der Welt nur Dunkelheit sieht. Und sie gehen mit gutem Beispiel voran – sie stellen sicher, dass ihr Tun mit ihren Worten übereinstimmt.

6. AUGUST

Menschen wirklich zu führen bedeutet, sie zu loben, statt sie zu verurteilen. Je tiefer Ihre Beziehung zu anderen ist, desto effektiver werden Sie sie führen. Die besten Führungskräfte sind Menschen, die sich selbst gut fühlen.

7. AUGUST

Um eine effektive Führungspersönlichkeit und ein Spitzenspieler auf dem Spielfeld des Lebens zu werden, dürfen Sie kein Generalist werden, der versucht, alles für alle Menschen zu sein. Spezialisten sind im Vorteil. Richten Sie Ihre besten Talente auf Ihre größten Chancen aus.

8. AUGUST

Jedes gebrochene Versprechen, und sei es noch so klein und scheinbar unbedeutend, nagt an Ihrem Charakter. Jedes Mal, wenn Sie eine Verpflichtung nicht einhalten, lockern sich die Bindungen zwischen Ihnen und den Menschen in Ihrem Leben.

9. AUGUST

Ein Leben ohne das aufrichtige Bemühen um herausragende Leistungen entehrt die unbezahlbaren Gaben und Talente, die Ihnen mitgegeben wurden.

10. AUGUST

Tun Sie das Richtige. Handeln Sie so, dass es Ihrem wahren Charakter entspricht. Handeln Sie mit Integrität. Lassen Sie sich von Ihrem Herzen leiten. Der Rest wird sich von selbst regeln.

11. AUGUST

Egal, wie groß Ihr Haus oder wie schick Ihr Auto ist, das Einzige, was Sie am Ende Ihres Lebens mitnehmen können, ist Ihr Gewissen. Hören Sie auf Ihr Gewissen. Lassen Sie sich von ihm leiten. Es weiß, was richtig ist. Es wird Ihnen mitteilen, dass Ihre Berufung im Leben letztlich darin besteht, anderen in der einen oder anderen Form selbstlos zu dienen.

12. AUGUST

Gehen Sie nicht sorglos mit Ihren Worten um. Sie sind mächtig und können einschneidende Folgen haben. Wenn Sie etwas sagen, stellen Sie sicher, dass Sie es auch so meinen. Sagen Sie, was Sie meinen, und meinen Sie, was Sie sagen. Authentische Kommunikation ist mächtig – und kommt selten vor.

13. AUGUST

Erfolg beruht auf unerschütterlichem Festhalten an Grundprinzipien. Die Besten werden besser, indem sie sich immer wieder auf die einfachen Grundsätze der Exzellenz konzentrieren, also zum Beispiel Menschen gut behandeln, hart arbeiten, nicht aufgeben, Chancen sehen, wo andere scheitern, und sich selbst treu bleiben.

14. AUGUST

Das Geheimnis des Glücks ist einfach: Finden Sie heraus, was Sie wirklich gerne tun, und richten Sie dann Ihre gesamte Energie darauf. Sobald Sie Ihre geistige Kraft und Ihre Energie auf eine Tätigkeit konzentrieren, die Sie lieben, strömt Überfluss in Ihr Leben, und alle Ihre Wünsche werden mit Leichtigkeit und Anmut erfüllt.

15. AUGUST

Dauerhaftes Glück entsteht, wenn Sie beständig an der Verwirklichung Ihrer Ziele arbeiten und zuversichtlich in Richtung Ihrer Lebensaufgabe voranschreiten. Das ist das Geheimnis, wie man das innere Feuer entfacht, das in einem schlummert.

16. AUGUST

Das Glück, das Sie erstreben, stellt sich ein, wenn Sie sich auf die Ziele besinnen, die Sie erreichen wollen, und dann täglich daran arbeiten, sie zu verwirklichen. Dies ist eine direkte Umsetzung jener zeitlosen Philosophie, die vorschreibt, dass das Wichtigste niemals dem Unwichtigsten geopfert werden sollte.

17. AUGUST

Erfreuen Sie sich an den schönen Dingen, die Sie haben, aber lassen Sie sich nicht von ihnen gefangen nehmen. Besitzen Sie diese Dinge, aber lassen Sie sich nicht von ihnen besitzen. Sehen Sie als Hauptziele Ihres Lebens weitaus wichtigere Bestrebungen wie die Erschließung Ihres höchsten Potenzials, die Hingabe an andere und den Einsatz für eine Sache, die wichtiger ist als Sie selbst. Erfolg ist schön und gut, aber worauf es letztlich ankommt, ist Bedeutung.

18. AUGUST

Was nützt es, sein Leben mit dem Erklimmen eines Berges zu verbringen, nur um dann festzustellen, dass es der falsche war?

19. AUGUST

Denken Sie daran, dass es viele Formen von Reichtum gibt – finanzieller Reichtum ist nur eine davon. Jemand, der reiche Beziehungen und eine liebevolle Gemeinschaft um sich herum hat, ist meiner Meinung nach wohlhabend. Jemand, der ein Leben in ausgezeichneter Gesundheit, mit Abenteuern, Aufregung und ständigem Lernen führt, ist auf eine andere Art reich. Und jemand, der intensiv mit dem Leben verbunden ist und jeden Morgen mit dem Gefühl tiefen Friedens und dem Bewusstsein für die Wahrheit aufwacht, muss sicherlich als ein Mensch betrachtet werden, der auch eine Art von Reichtum erlangt hat. Die Masse – die Gesellschaft, wie wir sie nennen – hat uns gelehrt, dass wirtschaftlicher Reichtum die einzige Form von Reichtum sei, die wir anstreben sollten. Aber das stimmt nicht.

20. AUGUST

Geld ist ein Nebenprodukt, wenn Sie für andere Wert schaffen und ihnen Gutes tun. Konzentrieren Sie sich darauf, in allem, was Sie tun, großartig zu sein. Engagieren Sie sich dafür, anderen alles zu bieten, was Sie können, um deren Leben zu verbessern. Seien Sie in allen Bereichen Ihres beruflichen und privaten Lebens wirklich herausragend. Schaffen Sie einen außergewöhnlichen Wert für andere. Das Geld wird dann folgen.

21. AUGUST

Allzu oft verstricken wir uns in den Gedanken, dass wir bestimmte Heldentaten vollbringen müssten, um unser Leben zu bestätigen und großen Erfolg zu erlangen. Wir lassen uns vorgaukeln, dass wir teures Spielzeug und ein Übermaß an Besitztümern anhäufen müssten, um Erfüllung zu finden. Aber das ist nicht der Weg zum wahren Glück. Echtes und dauerhaftes Glück entsteht durch die schrittweise Anhäufung von unvergesslichen Erinnerungen und besonderen Momenten.

22. AUGUST

Ein exzellentes Leben zu führen, ist eine Manifestation der Selbstliebe. Wer sein Leben so führt, als wäre er einer der größten Menschen auf dem Planeten – ein wahrer Hochkaräter also –, ist ein Mensch, der nicht nur enormen Selbstrespekt hat, sondern auch tiefen Respekt vor der Kraft der Natur, die ihn geschaffen hat.

23. AUGUST

Ein Suchender, der sich auf dem Weg nach Hause zu seinem authentischen und höchsten Selbst befindet, wird immer mit Ängsten konfrontiert werden, von denen er nicht wusste, dass sie existieren. Weil wir ein unbewusstes Leben führen, leben viele unserer Ängste im Bereich unseres Unterbewusstseins. So wissen wir nicht einmal, dass sie existieren. Sie schlummern in uns. Aber sie sind da, beeinflussen jede unserer Entscheidungen und lenken unser Leben auf einer unsichtbaren Ebene. Wenn wir erwachen und uns dafür entscheiden, unser Leben aus einem wahrheitsgetreueren Blickwinkel zu betrachten, kommen unsere Ängste ans Tageslicht – und wir müssen uns ihnen stellen, wenn wir sie überwinden wollen.

24. AUGUST

Erschaffen Sie ein Leben, das als Kunstwerk betrachtet wird. Sie besitzen das Potenzial dazu. Wir alle besitzen es. Es kommt nur darauf an, ob Sie die erforderliche innere Arbeit leisten wollen, um dieses Ziel zu erreichen. Selbstbeherrschung ist der Anfang der Lebensbeherrschung. Ihre äußere Welt kann nicht größer sein als Sie selbst.

25. AUGUST

Regelmäßig Tagebuch zu führen, ist sehr wirkungsvoll. Es hilft Ihnen, sich selbst kennenzulernen und Ihre Selbstbeziehung zu vertiefen. Ihr Tagebuch sollte ein Ort sein, den Sie aufsuchen und an dem Sie sich selbst prüfen. Mit dem daraus resultierenden Bewusstsein können Sie sich dann vornehmen, bessere Entscheidungen zu treffen. Und bessere Entscheidungen führen zu besseren Ergebnissen.

26. AUGUST

Wenn Sie den Mut haben, Ihren Körper zu respektieren – den Tempel, der die Person beherbergt, die Sie sind –, dann ist es nicht mehr weit zu persönlicher Meisterschaft. Jedes Mal, wenn Sie an einem Tag, an dem Ihnen nicht nach Sport zumute ist, ins Fitnessstudio gehen, werden Sie als Mensch ein wenig stärker. Jedes Mal, wenn Sie an einem kalten Wintertag, an dem Sie sich am liebsten unter der Bettdecke verkriechen würden, eine Runde joggen gehen, verwirklichen Sie Ihr Menschsein ein kleines bisschen mehr. Wenn Sie an Ihrer körperlichen Verfassung arbeiten, können Sie Ihren Charakter verbessern und die Qualität Ihres Lebens steigern. Eine gute Gesundheit ist wahrer Reichtum. Was nützt es, der reichste Mensch auf dem Friedhof zu sein?

27. AUGUST

Im Leben sind die kleinen Dinge tatsächlich die großen. Und die Qualität des Erfolgs, den Sie in Ihrem Leben erfahren werden, hängt letztlich von den kleinen Entscheidungen ab, die Sie in jeder Minute und jeder Stunde eines jeden Tages treffen.

28. AUGUST

Eines der zeitlosen Geheimnisse für ein langes, glückliches Leben besteht darin, seine Arbeit zu lieben. Der rote Faden, der sich durch das Leben der zufriedensten Menschen der Geschichte zieht, ist, dass sie allesamt liebten, was sie taten. Bei einer Befragung von einhundert kreativen Menschen stellte die Psychologin Vera John-Steiner fest, dass alle eines gemeinsam hatten: eine intensive Leidenschaft für ihre Arbeit. Wenn Sie Ihre Tage mit einer Arbeit verbringen, die Sie als lohnend und geistig herausfordernd empfinden und die Ihnen Spaß macht, wird das mehr als alle Wellness-Urlaube der Welt dazu beitragen, dass Sie bei Laune bleiben und Ihr Herz bei der Sache ist.

29. AUGUST

Eines der wirkungsvollsten Dinge, die Sie tun können, ist, die Geschichte Ihres Lebens im Voraus zu schreiben. Sie wird vielleicht am Ende nicht genau so ausfallen, wie Sie sie formulieren, aber wie ein altes Sprichwort sagt: »Wenn du nicht weißt, wohin du gehst, führt dich jeder Weg dorthin.« Es ist besser, einen Plan zu haben, als ganz ohne durchs Leben zu gehen. Planung ist ein starker Akt persönlicher Verantwortung.

30. August

Glück bedeutet nicht, ein größeres Vermögen zu erlangen, sondern einen höheren Selbstwert zu kultivieren. Es geht nicht darum, mehr Geld zu haben, sondern darum, mehr Sinn zu finden. Und es geht nicht nur darum, erfolgreich zu sein, sondern darum, wirklich bedeutend zu sein – ein Mensch zu werden, der dauerhaften Wert in der Welt schafft.

31. AUGUST

Menschliche Reife bedeutet, zu lieben, was man hat, anstatt sich zu sehr darum zu sorgen, dass man hat, was man liebt.

SEPTEMBER

AUSSERGEWÖHNLICHE LEISTUNGEN

1. SEPTEMBER

Scheitern ist eine Entscheidung. Nichts kann einen Menschen aufhalten, der sich einfach nicht unterkriegen lassen will. Treffen Sie einfach aus dem Herzen heraus die Entscheidung, dass Sie – ganz gleich, was Ihnen widerfährt – den authentischen Weg weitergehen und konsequent an der Gestaltung eines bemerkenswerten Lebens festhalten werden.

2. September

Das Gesetz des abfallenden Bestrebens besagt: Je länger Sie mit der Umsetzung einer neuen Idee oder Strategie warten, desto weniger Begeisterung werden Sie dafür aufbringen. Setzen Sie Ihre Veränderungsstrategie täglich um, bevor sie einen schnellen Tod stirbt und Ihre Zukunftsvision mit ihr begraben wird. Weltklasseleute lassen niemals eine großartige Idee einfach hinter sich, ohne etwas zu unternehmen, um sie zum Leben zu erwecken. Eine Idee ohne Umsetzung ist nichts weiter als eine Illusion.

3. September

Ineffizienz rührt zum größten Teil daher, dass die meisten Menschen nicht die Selbstdisziplin haben, etwas genau dann zu tun, wenn sie wissen, dass sie es tun sollten. Sie schieben die wichtigen Dinge im Geschäft und im Leben auf zugunsten der einfachen und unmittelbaren Dinge. Am Ende aber merken sie, dass sie ein ganzes Leben verloren haben.

4. September

Jeden Tag das Gleiche zu tun, wird keine neuen Ergebnisse bringen. Um die Ergebnisse zu ändern, die Sie erzielen, müssen Sie die Dinge ändern, die Sie tun.

5. September

Das wahre Geheimnis persönlicher Effektivität ist die Konzentration auf ein Ziel. Es gibt Tätigkeiten, die Ihrer Energie und Aufmerksamkeit würdig sind, und es gibt Tätigkeiten, die ihrer nicht würdig sind. Das wahre Geheimnis, um Dinge erledigen zu können, besteht darin zu wissen, welche Dinge unerledigt bleiben müssen. Fokussierung ist entscheidend für den Erfolg. Der weise Konfuzius drückte es so aus: »Wer zwei Kaninchen jagt, fängt keines von beiden.«

6. SEPTEMBER

Vergessen Sie nie, wie wichtig jeder einzelne Ihrer Tage ist. Ihre Tage sind Ihr Leben in Miniatur. So wie Sie Ihre Tage leben, so leben Sie Ihr Leben. Verschwenden Sie keinen einzigen von ihnen.

Die Vergangenheit ist vorbei, die Zukunft ist nur ein Hirngespinst, also ist dieser Tag wirklich alles, was Sie haben. Aber was Sie heute tun, hat großen Einfluss darauf, wie die Zukunft aussehen wird.

7. SEPTEMBER

Schnelle Lösungen funktionieren nicht. Jede dauerhafte innere Veränderung erfordert Mühe und Zeit. Beharrlichkeit ist die Mutter der persönlichen Veränderung. Und große Dinge geschehen nicht ohne harte Arbeit und Aufopferung.

8. September

Kalkulierte Risikobereitschaft wird sich in hohem Maße auszahlen. Wie wollen Sie jemals die dritte Stufe erreichen, wenn Sie immer noch mit einem Fuß auf der zweiten stehen? Das größte Risiko liegt darin, keine Risiken einzugehen.

9. SEPTEMBER

Dinge, die auf dem Papier festgehalten werden, sind auch Dinge, für die man sich im Leben einsetzt. Und Dinge, die geplant werden, werden auch erledigt.

10. September

Je disziplinierter Sie mit sich selbst umgehen, desto einfacher wird das Leben für Sie sein. Je strenger Sie mit sich selbst sind, desto reibungsloser wird das Leben für Sie verlaufen. Wenn Sie strenger mit sich selbst umgehen, all Ihre schwächeren Impulse zügeln und die Selbstdisziplin aufbringen, das Richtige zu tun – und zwar immer –, dann wird sich Ihr Leben mit Sicherheit zum Guten wenden.

11. September

Man sollte meinen, je entspannter wir sind und je mehr Spaß wir haben, desto eher haben wir die Chance, wahres Glück zu erleben. Eine wichtige Quelle des Glücks lässt sich jedoch in einem Wort zusammenfassen: Leistung. Bei Erfolg geht es in Wirklichkeit um das schrittweise Erreichen von Ergebnissen, die für Sie wichtig sind. Und das Leben so zu gestalten, wie wir es uns wünschen, bringt stets das Gefühl von Zufriedenheit und Freude mit sich. Es geht darum, sich zu amüsieren und Spaß zu haben, während Sie große Dinge erreichen.

12. September

Ein Ziel, das Sie nicht sehen, werden Sie nie erreichen können. Viele Menschen träumen ihr ganzes Leben lang davon, glücklich zu werden, mehr Vitalität zu erlangen und mehr Leidenschaftlichkeit zu entwickeln. Doch sie erkennen nicht, wie wichtig es ist, sich nur zehn Minuten im Monat Zeit zu nehmen, um die eigenen Ziele aufzuschreiben und eingehend über den Sinn des eigenen Lebens nachzudenken. Wenn Sie sich Ziele setzen, wird Ihr Leben großartig werden. Ihre Welt wird reicher, reizvoller und spektakulärer werden. Denken Sie daran: Klarheit geht der Meisterschaft voraus.

13. September

Stress ist an sich keine schlechte Sache. Stress kann Sie dazu bringen, große Ziele zu verwirklichen. Menschen erreichen oft Großartiges, wenn sie mit dem Rücken zur Wand stehen und gezwungen sind, die Quelle des menschlichen Potenzials anzuzapfen, das in ihnen schlummert.

14. SEPTEMBER

Eine brennende Leidenschaft ist der stärkste Treibstoff für Ihre Träume.

15. SEPTEMBER

Mut ermöglicht es Ihnen, Ihr eigenes Rennen zu laufen. Mut ermöglicht es Ihnen auch, all das zu tun, was Sie tun wollen, weil Sie wissen, dass es richtig ist. Mut gibt Ihnen die nötige Selbstbeherrschung, um durchzuhalten, wo andere versagt haben. Letztlich bestimmt der Grad des Mutes, mit dem Sie leben, das Ausmaß der Erfüllung, die Sie erhalten.

16. SEPTEMBER

Die einzigen Grenzen in Ihrem Leben sind die, die Sie sich selbst setzen. Wenn Sie sich trauen, aus Ihrer Komfortzone herauszutreten und das Unbekannte zu erkunden, beginnen Sie, Ihr wahres menschliches Potenzial freizusetzen.

17. SEPTEMBER

Gehen Sie in die Arena, vergessen Sie die Kritiker und bringen Sie Ihre Gaben in vollem Umfang zum Tragen. Wenn Sie auf Kritiker hören, werden Sie nie etwas Großartiges aus Ihrem Leben machen. Das Leben ist kurz, und die Jahre vergehen sehr schnell, wie Sandkörner, die an einem heißen Tag am Strand durch Ihre Finger rinnen. Sie sind dazu bestimmt, zu glänzen und Ihre Talente ans Tageslicht zu bringen.

18. September

Um das Beste aus Ihrem Leben zu machen, ist es wichtig, dass Sie »sterben, während Sie noch leben«. Die meisten Menschen leben, als ob sie alle Zeit der Welt hätten. Sie wünschen sich, mehr Zeit zu haben, verschwenden aber die Zeit, die ihnen tatsächlich gegeben ist. Sie schieben das Leben auf, bis irgendein Ereignis in der Zukunft eintritt. Um das Beste aus Ihrem Leben zu machen, sollten Sie jeden Tag so leben, als wäre es Ihr letzter Tag auf diesem Planeten.

19. September

Erfolgreiche, erfüllte Menschen unterscheiden sich von denen, die nie ein inspiriertes Leben führen, dadurch, dass sie die Dinge tun, die weniger fortgeschrittene Menschen nicht gerne tun – selbst wenn sie diese Dinge vielleicht genauso wenig tun möchten.

20. September

Wirklich erfolgreiche Menschen, die täglich tiefes Glück erfahren, sind bereit, auf kurzfristiges Vergnügen zu verzichten, um langfristige Erfüllung zu erreichen.

21. September

Es gibt nur einen Misserfolg im Leben, nämlich es nicht zu versuchen. Das größte Versagen im Leben ist die mangelnde Bereitschaft, das Spiel mit höchstem Einsatz zu spielen und sich in jene Bereiche zu begeben, die einem Angst machen.

22. September

Vor Kolumbus segelten alle Abenteurer entlang der Küste, in Sichtweite des Landes. Das war die akzeptierte, übliche Art der Seefahrt. Kolumbus wagte es, davon abzuweichen. Er weigerte sich, das zu tun, was alle anderen getan hatten. Er ging ein Risiko ein: Er fuhr weg von der Küste – direkt auf das Meer hinaus. Und weil er das Bekannte losließ und den Mut hatte, in das Unbekannte vorzustoßen, wurde er zu einem unserer größten Helden.

23. September

Jeglicher Fortschritt geht von unvernünftigen Menschen aus, von Menschen, die ihrem Herzen und den Anweisungen ihres Gewissens folgen und nicht den Befehlen der Masse. Jeder Fortschritt kommt von Menschen, die Risiken eingehen, von Männern und Frauen, die bereit sind, jene Orte aufzusuchen, die ihnen Angst machen. Größe entsteht, wenn man sich weigert zu glauben, dass etwas unmöglich sei, nur weil andere das behaupten.

24. SEPTEMBER

Wissen ist nur potenzielle Macht. Damit sich diese Macht manifestieren kann, muss sie angewandt werden. Die meisten Menschen wissen, was sie in einer bestimmten Situation oder in ihrem Leben tun sollten. Das Problem besteht darin, dass sie dieses Wissen nicht täglich und konsequent umsetzen, um ihre Träume zu verwirklichen.

25. September

Wenn Sie großartig leben wollen, müssen Sie auch bereit sein, viel zu riskieren. Um an die Perlen zu gelangen, muss der Taucher den Mut aufbringen, in die Tiefe zu gehen und sich an Orte zu begeben, die ängstliche Seelen niemals aufsuchen würden.

26. SEPTEMBER

Neue Gewohnheiten sind wie ein neues Paar Schuhe: In den ersten Tagen werden sie sich unangenehm anfühlen. Aber wenn Sie sie eine Zeit lang einlaufen, werden sie bald wie angegossen passen. Die Besten gewöhnen sich daran, mit dem Unbequemen zurechtzukommen.

27. SEPTEMBER

Bemerkenswerte Menschen setzen ihre Prioritäten richtig. Das ist das Geheimnis der Souveränität über die Zeit. Wenn Sie Ihre Tage um Ihre Prioritäten herum gestalten, werden Sie in der obersten Liga spielen.

28. SEPTEMBER

Der wahre Wert von Zielen, die man sich setzt und schließlich auch erreicht, liegt nicht in den Belohnungen, die sich daraus ergeben, sondern in der Person, die man durch das Erreichen seiner Ziele wird. Wenn Sie ein Ziel erreichen – ganz gleich, ob es darin bestand, eine bessere Führungspersönlichkeit oder ein besserer Vater oder eine bessere Mutter zu werden –, dann sind Sie in diesem Prozess als Person gewachsen. Oft sind Sie nicht in der Lage, dieses persönliche Wachstum zu erkennen, aber es hat stattgefunden. Sie haben Selbstdisziplin entwickelt, neue Erkenntnisse über Ihre Fähigkeiten gewonnen und mehr von Ihrem menschlichen Potenzial entfaltet. Das an und für sich ist schon eine Belohnung.

29. September

Die meisten von uns leben so, als hätten wir unendlich viel Zeit, um all die Dinge zu tun, von denen wir wissen, dass wir sie tun müssen, um ein erfülltes und lohnendes Leben zu führen. Und so schieben wir die Verwirklichung unserer Träume auf, während wir uns um die dringlichen Angelegenheiten kümmern, die unsere Tage ausfüllen. Dies ist ein sicheres Rezept für ein Leben voller Bedauern. Entwickeln Sie ein Gespür dafür, wie wichtig Ihre Zeit wirklich ist. Lassen Sie nicht zu, dass Menschen dieses kostbarste aller Güter verschwenden, und investieren Sie es selbst nur in Aktivitäten, die wirklich zählen.

30. September

Je mehr Sie fragen, desto mehr bekommen Sie, aber es braucht Übung, um gut darin zu werden. Erfolg ist ein Zahlenspiel. Wie schon die buddhistischen Weisen sagten: »Jeder Pfeil, der ins Schwarze trifft, ist das Ergebnis von hundert Fehlversuchen.« Trainieren Sie Ihre »Bittmuskeln«, indem Sie um einen besseren Tisch in Ihrem Lieblingsrestaurant bitten, um eine kostenlose zweite Kugel in Ihrer örtlichen Eisdiele oder um ein kostenloses Upgrade für Ihren nächsten Flug. Sie werden überrascht sein, welche Fülle in Ihr Leben strömt, wenn Sie einfach aufrichtig um die Dinge bitten, die Sie sich wünschen.

OKTOBER

AUSSERGEWÖHNLICHE LEISTUNGEN

BEWÄHRTE PRAKTIKEN

1. Oktober

Um einen eisernen Willen zu entwickeln, ist es wichtig, kleine, winzige Taten zu vollbringen, um der Tugend der persönlichen Disziplin Genüge zu tun. Routinemäßig ausgeführt, häufen sich diese kleinen Taten auf und erzeugen schließlich ein Bollwerk von innerer Stärke. Ein altes afrikanisches Sprichwort bringt es vielleicht am besten zum Ausdruck: »Wenn Spinnennetze sich vereinen, fesseln sie einen Löwen.«

2. OKTOBER

Sie müssen Ihre Welt nicht an einem Tag verändern. Fangen Sie klein an. Eine tausend Kilometer lange Reise beginnt mit einem ersten Schritt. Wir werden nach und nach groß. Kleine tägliche Schritte führen mit der Zeit zu verblüffenden Ergebnissen.

3. Oktober

Jene, die schon in jungen Jahren ihre Zeit sinnvoll nutzen, werden mit einem reichen, produktiven und zufriedenstellenden Leben belohnt. Jene dagegen, die nie mit dem Grundsatz »Beherrschung der Zeit ist Beherrschung des Lebens« in Berührung gekommen sind, werden ihr enormes menschliches Potenzial nie ausschöpfen. Und ihr Leben wird von Reue bestimmt werden.

4. Oktober

Planen Sie Ihre Woche und verwalten Sie Ihre Zeit kreativ. Bringen Sie die Disziplin auf, Ihre Zeit auf Ihre Prioritäten auszurichten. Verschlanken Sie das Ganze. Wechseln Sie von der Komplexität zur Einfachheit. Die bedeutungsvollsten Dinge in Ihrem Leben sollten niemals den weniger bedeutungsvollen geopfert werden. Und denken Sie daran: Wer nicht plant, plant in Wirklichkeit zu scheitern.

5. OKTOBER

Vergessen Sie nie, dass die Zeit, die Sie mit Hobbys verbringen, keine vertane Zeit ist. Sie fördert Ihre Effizienz bei der Arbeit. Unsere besten Ideen entstehen oft in den besonders entspannten Momenten.

6. OKTOBER

Wenn Sie sich bei allem, was Sie tun, um Spitzenleistungen bemühen, verspüren Sie ein stärkeres Gefühl des Stolzes auf die Art und Weise, wie Sie Ihre Tage verbringen. Dies wiederum stärkt Ihre Selbstachtung und Ihr Selbstvertrauen, was wiederum mehr Energie und Leidenschaft freisetzt. Sie beginnen, sich gut zu fühlen. Menschen, die sich gut fühlen, leisten großartige Arbeit und schaffen bemerkenswerte Dinge. Und das wiederum führt dazu, dass sie ihre Ansprüche an sich selbst noch höher schrauben. Es ist eine Aufwärtsspirale, die einen Menschen zu immer mehr Freude, mehr Bedeutung und mehr innerem Frieden führt.

7. Oktober

Machen Sie das Außergewöhnliche zu Ihrer Art zu leben – zu Ihrem Standard.

8. OKTOBER

Denken Sie daran: Wenn Sie sich in den kleinen Dingen mit Mittelmaß zufriedengeben, werden Sie sich auch in den großen Dingen mit Mittelmäßigem bescheiden. Und alles, was weniger als eine bewusste Verpflichtung zu außergewöhnlicher persönlicher Leistung ist, das ist eine unbewusste Verpflichtung zu gewöhnlicher, durchschnittlicher persönlicher Leistung.

9. Oktober

Ein roter Faden für ein höchst erfolgreiches und sinnvolles Leben ist die Selbstdisziplin. Disziplin ermöglicht es Ihnen, all die Dinge zu tun, von denen Sie in Ihrem Herzen wissen, dass Sie sie tun sollten, zu denen Sie aber nie Lust haben.

10. Oktober

Ohne Selbstdisziplin werden Sie sich keine klaren Ziele setzen, Ihre Zeit nicht effektiv verwalten, Menschen nicht gut behandeln, schwierige Zeiten nicht durchstehen, sich nicht um Ihre Gesundheit kümmern und keine positiven Gedanken haben.

11. Oktober

Schützen Sie Ihre Zeit. Lernen Sie, Nein zu sagen. Wenn Sie den Mut haben, zu den kleinen Dingen im Leben Nein zu sagen, haben Sie auch die Kraft, zu den großen Dingen Ja zu sagen.

12. Oktober

Ermutigen Sie sich selbst, mehr zu unternehmen und mehr zu erleben. Nutzen Sie Ihre Energie, um Ihre Träume zu vergrößern. Ja, vergrößern Sie Ihre Träume. Geben Sie sich nicht mit einem Leben in Mittelmäßigkeit zufrieden, wenn Sie ein so unendliches Potenzial in der Festung Ihres Geistes haben. Trauen Sie sich, Ihre Größe zum Tragen zu bringen. Das ist Ihr Geburtsrecht.

13. Oktober

Tun Sie so, als ob ein Scheitern unmöglich wäre, und Ihr Erfolg wird Ihnen sicher sein. Verbannen Sie jeden Gedanken daran, dass Sie Ihre Ziele nicht erreichen könnten, seien sie materieller oder spiritueller Art.

14. Oktober

Seien Sie mutig und setzen Sie Ihrer Vorstellungskraft keine Grenzen. Seien Sie niemals der Gefangene Ihrer Vergangenheit. Werden Sie der Architekt Ihrer Zukunft.

15. OKTOBER

Es gibt einen Unterschied zwischen der bloßen Existenz und dem wahren Leben. Und es besteht ein Unterschied zwischen schlichtem Überleben und wirklichem Gedeihen. Das Traurige ist, dass die meisten Menschen die Gaben und Talente, die in ihnen stecken, aus den Augen verloren und sich damit abgefunden haben, die besten Jahre ihres Lebens in einer Wohnung vor dem Fernseher zu vergeuden. Zu viele Menschen verbringen mehr Zeit damit, sich auf ihre Schwächen zu konzentrieren, als damit, ihre Stärken zu kultivieren. Indem sie sich darauf fokussieren, was sie nicht haben, vernachlässigen sie die Talente, die ihnen gegeben sind. Die bedeutendsten Menschen, die vor uns lebten, hatten eine einfache Strategie, die ihren Erfolg sicherte: Sie kannten sich selbst. Sie nahmen sich die Zeit, sich auf ihre Kernfähigkeiten zu besinnen – jene besonderen Qualitäten, die sie einzigartig machten –, und nutzten ihre verbleibende Lebenszeit dazu, diese zu verfeinern und zu erweitern.

16. OKTOBER

Wenn Sie sich große Ziele setzen und großen Träumen nachjagen, vollziehen Sie einen äußerst kreativen Akt. Sie setzen Ihre Vorstellungskraft und Ihre Fähigkeiten ein, um etwas Wunderbares zu schaffen. Das ist praktische schöpferische Aktivität.

17. Oktober

Wenn Sie in Ihrem Zimmer bleiben und den ganzen Tag meditieren oder für das Leben Ihrer Träume beten, werden Sie gerade nicht das Leben Ihrer Träume bekommen, und etwas anderes zu glauben, ist nichts als Wunschdenken. Die Besten unter uns sind Menschen der Tat. Bei der Kunst der Lebensführung geht es vor allem darum, wichtige Dinge zu erreichen. Die Ergebnisse zählen.

18. Oktober

Verfolgen Sie Ihre Träume. Tun Sie alles, was Sie können, um sich das Leben zu schaffen, das Sie sich wünschen. Suchen Sie die Orte auf, die Ihnen Angst machen, und schrecken Sie nicht vor der Größe zurück, von der Sie in Ihrem Herzen wissen, dass Sie dazu bestimmt sind, sie der Welt zu präsentieren. Und wenn Sie alles getan haben, was in Ihrer Macht steht, um Ihre Wünsche zu verwirklichen – und erst dann –, lösen Sie sich von den Ergebnissen.

19. Oktober

Wenn Sie keine klaren Prioritäten in Ihrem Leben haben, lassen Sie sich leicht dazu verleiten, zu jeder Bitte, die mit einem Zeitaufwand für Sie verbunden ist, Ja zu sagen. Wenn Ihre Tage nicht von einer reichhaltigen und inspirierenden Vision für Ihre Zukunft geleitet werden, einem klaren Bild von einem Endergebnis, das Ihnen hilft, bewusster zu handeln, dann kann es leicht passieren, dass die Pläne der Menschen in Ihrer Umgebung Ihr Handeln diktieren. Die Lösung besteht darin, dass Sie sich über die höchsten Ziele in Ihrem Leben klar werden und dann lernen, auf elegante Weise Nein zu sagen.

20. Oktober

Glücklich sein ist unser Geburtsrecht. Wir sind dazu bestimmt, außergewöhnliche Dinge in unserem Leben zu tun und der Welt außergewöhnliche Geschenke zu machen.

21. Oktober

Alle Genies, die vor uns diesen Planeten beehrt haben, hatten eines gemeinsam: Sie konzentrierten sich in ihrem Leben darauf, jene Talente zu kultivieren, die sie besonders machten. Nehmen Sie zum Beispiel Einstein. Er erkannte, dass er eine bemerkenswerte Begabung für Physik hatte, und verbrachte dann den Rest seines Lebens damit, diese Gabe zu verfeinern. Er wechselte nicht in den Bereich der Biologie oder der Chemie. Er spezialisierte sich auf seine Kernkompetenzen. Und weil er bei dem blieb, was er am besten konnte, und sich über Jahre hinweg dieser meisterhaften Fähigkeit widmete, gelangte er schließlich an einen Punkt, an dem er als Mensch wahre Größe erreichte.

22. Oktober

Klar definierte Ziele zu haben, bietet viele Vorteile. Erstens verleiht die Formulierung von Zielen unserem Leben, das durch zu viele Optionen und Möglichkeiten kompliziert geworden ist, wieder einen gewissen Fokus und eine Richtung. In der heutigen Zeit gibt es einfach viel zu viele Dinge, die man zu jeder Zeit tun kann. Es gibt unzählige Ablenkungen, die um unsere Aufmerksamkeit buhlen. Ziele klären unsere Wünsche und helfen uns dabei, uns auf die Aktivitäten zu konzentrieren, die uns dorthin führen, wohin wir wollen.

23. Oktober

Werden Sie ein Mensch der Tat, eine dieser unbeugsamen Seelen, die hinausgehen in die Welt und ihr vollkommenes Leben suchen. Geben Sie Ihr Bestes. Und dann lassen Sie los und nehmen Sie an, was immer zu Ihnen kommt, mit einem glücklichen Herzen und der tiefen Gewissheit, dass es genau das ist, was die Natur für Sie vorgesehen hat.

24. Oktober

Es erfordert große Entschlossenheit und Stärke, sich der Anziehungskraft der Masse zu entwinden und Stück für Stück wahrhaftiger zu leben. Ein Space-Shuttle verbraucht in den ersten drei Minuten nach dem Start mehr Treibstoff als auf dem Rest seiner Umlaufbahn um die Erde, und zwar aus demselben Grund: Die Welt übt eine Anziehungskraft aus, die zu überwinden viel Energie erfordert. Aber man muss sie überwinden, um nicht in einem von Bedauern und Traurigkeit geprägten Leben zu versinken.

25. Oktober

Jeder Akt des Mutes, jeder Akt der Güte und jeder Akt der Selbstverantwortung wird sich für Sie unmittelbar auszahlen: Jedes Mal, wenn Sie mit Liebe statt mit Angst handeln, werden Sie mehr zu dem, was Sie sein sollen. Jedes Mal, wenn Sie nach Ihren Träumen greifen und auf Ihr Herz hören, erinnern Sie sich ein kleines bisschen mehr an das, was Sie sind. Und Sie verwandeln sich dabei auf behutsame Weise.

26. OKTOBER

Manche Olympia-Athleten leiden nach ihrer Rückkehr von den Spielen unter einer Post-Olympischen Depression (POD), wie es Psychologen nennen. Es scheint, als gäbe es nach dem Erreichen dieses Erfolgshöhepunktes kein höheres Ziel mehr, das sie anstreben könnten, und so verliert das Leben seinen Sinn. Um sich ein gesundes Maß an Optimismus und Leidenschaft für das Leben zu bewahren, müssen Sie sich immer höhere Ziele setzen. Wenn Sie ein Ziel erreicht haben, sei es im beruflichen oder im persönlichen Bereich, müssen Sie sich schnell das nächste Ziel setzen. Stellen Sie sicher, dass Ihre Ziele Ihrer würdig sind. Vergewissern Sie sich, dass es sich um jene Art von Herausforderungen handelt, die Sie dazu zwingen, Ihr Herz zu öffnen und das Beste in Ihnen zum Vorschein zu bringen, und dass diese Herausforderungen Sie dabei unterstützen, sich weiterzuentwickeln.

27. Oktober

Etwas besonders Schönes an der Zeit ist die Tatsache, dass man sie nicht im Voraus verschwenden kann. Ganz gleich, wie viel Zeit Sie in der Vergangenheit vergeudet haben, die nächste Stunde, die Ihnen zur Verfügung steht, ist vollkommen, unverdorben und dazu da, das Beste aus ihr zu machen. Wenn Sie es wünschen, können Sie morgen damit anfangen, früher aufzustehen, mehr zu lesen, Sport zu treiben, sich gesund zu ernähren und sich weniger Sorgen zu machen. Niemand hält Sie davon ab, Ihr Tagebuch aufzuschlagen und auf einer leeren Seite die Geschichte Ihres Lebens neu zu schreiben. In dieser Minute können Sie entscheiden, wie Sie sie schreiben möchten, Sie können die Hauptfiguren verändern und ein neues Ende erschaffen. Die einzige Frage ist, *ob* Sie sich dafür entscheiden.

28. OKTOBER

Wenn Sie nicht auf die Anstöße und Forderungen des Lebens reagieren, wird das Leben von sich aus auf Sie reagieren. Die Tage werden zu Wochen, aus den Wochen werden Monate, und aus den Monaten werden Jahre ... und bevor Sie sich's versehen, ist alles vorbei. Lassen Sie nicht zu, dass Ihnen der kostbare und wundervolle Schatz Ihres Lebens entgleitet.

29. OKTOBER

Vor dem Morgengrauen ist es am dunkelsten. Im Leben eines jeden Menschen kommt eine Zeit, in der er über sich hinauswachsen und beherzt große Chancen ergreifen muss. Für jeden Suchenden kommt eine Zeit, in der er tief im Herzen weiß, dass er sich, wenn er das Risiko nicht eingeht, mit einem Leben in Mittelmäßigkeit wird begnügen müssen. Aber wenn er den Sprung wagt, auch wenn dieser mit viel Angst verbunden ist und großen Mut erfordert, wird sich ein ganz neues Land für ihn öffnen. Ein Land der Möglichkeiten, des Glücks und der Freiheit. Gehen Sie in sich und hören Sie auf Ihre innere Stimme. Lassen Sie sich von ihr führen.

30. OKTOBER

Geben Sie niemals auf, wenn eine Prüfung auf Ihrem Lebensweg auftaucht. Und es wird viele Prüfungen geben. Ja, vor Ihrem größten Sieg werden Sie mit Sicherheit vor Ihrer größten Herausforderung stehen. Wenn Sie sich bewusst sind, dass dies alles Teil des Weges ist, den Sie zurücklegen müssen, um zu Ihrem authentischen Selbst zurückzukehren, wird es leichter sein für Sie: Sie werden vorbereitet sein.

31. Oktober

Treten Sie dem Club der Hoffnung bei. Große, schöne und scheinbar unmögliche Ziele sind ein hervorragendes Mittel, um Sie auf Ihrem Weg durch die Widrigkeiten zu inspirieren. Wenn Sie große und edle Ziele anstreben, die das Beste in Ihnen ansprechen, wird Ihr Wunsch, diese zu erreichen, Sie durch die schwierigen Zeiten geleiten, die Sie auf dem Weg des Suchenden durchleben werden.

NOVEMBER

BEWÄHRTE PRAKTIKEN

AUSSERGEWÖHNLICHE BEZIEHUNGEN AUFBAUEN

1. November

Früh aufzustehen ist ein Geschenk, das Sie sich selbst machen. Nur wenige Disziplinen haben die Kraft, Ihr Leben so zu verändern wie die Gewohnheit, früh aufzustehen. Die ersten Stunden des Morgens haben etwas ganz Besonderes. Die Zeit scheint langsamer zu vergehen, und ein tiefes Gefühl von Frieden erfüllt die Welt. Wenn Sie dem »Fünf-Uhr-Club« beitreten, können Sie anfangen, Ihren Tag zu kontrollieren, anstatt sich vom Tag kontrollieren zu lassen. Wenn Sie die »Schlacht um das Bett« gewinnen und durch frühes Aufstehen den »Geist über die Matratze« stellen, haben Sie zumindest eine ruhige Stunde für sich selbst während des wichtigsten Teils Ihres Tages, der da wäre: der Beginn. Wenn Sie diese Zeit sinnvoll nutzen, wird sich der Rest Ihres Tages auf wunderbare Weise entfalten.

2. November

Einer Studie zufolge lacht ein Vierjähriger im Durchschnitt dreihundertmal am Tag, ein Erwachsener im Durchschnitt etwa fünfzehnmal. Bei all den Verpflichtungen, dem Stress und den Aktivitäten, die unseren Tag ausfüllen, haben wir vergessen, wie man lacht. Es ist erwiesen, dass tägliches Lachen unsere Stimmung hebt, unsere Kreativität fördert und uns mehr Energie verleiht. Der Komiker Steve Martin lacht angeblich jeden Morgen fünf Minuten lang vor dem Spiegel, um den Strom seiner kreativen Ideen anzuregen und seinen Tag mit einem guten Gefühl zu beginnen.

3. November

Die natürliche Umgebung dient dazu, das endlose Geschwätz zu ersticken, das unseren Geist lähmt, damit unsere wahre Kraft freigesetzt werden kann. Und während Sie die Natur genießen, beobachten Sie Ihre Umgebung mit tiefer Konzentration. Studieren Sie die Komplexität einer Blume oder die Art, wie sich die Strömung in einem funkelnden Bach bewegt. Ziehen Sie Ihre Schuhe aus und spüren Sie das Gras unter Ihren Füßen. Bedanken Sie sich im Stillen dafür, dass Sie das Privileg haben, diese besonderen Geschenke der Natur genießen zu können. Die einfachsten Freuden sind die kostbarsten.

4. NOVEMBER

Sie werden zu dem, was Sie umgibt. Seien Sie wählerischer bei den Nachrichten, denen Sie Ihren Geist aussetzen. Seien Sie bewusster in der Art und Weise, wie Sie Ihre Zeitung lesen und wie Sie Ihr Fernsehprogramm sehen. Bevor Sie mit der Lektüre der Morgenzeitung beginnen, sollten Sie ein Ziel vor Augen haben. Nutzen Sie sie als Informationsmittel, das Ihnen dient und Sie klüger macht, und nicht als Vorwand, um sich die Zeit zu vertreiben. Und nehmen Sie sich vor, sich gezielt Einflüssen auszusetzen, die Ihnen helfen, der Mensch zu werden, der Sie sein wollen.

5. November

Es dauert etwa einundzwanzig Tage, um eine neue Gewohnheit zu verankern. Doch die meisten Menschen geben schon nach den ersten paar Tagen auf, wenn sie den Stress und die Mühsal erleben, die mit dem Ersetzen alter Verhaltensweisen durch neue verbunden sind. Wenn Sie die ersten einundzwanzig Tage überstanden haben, werden Sie erkennen, dass es viel einfacher ist, sich eine neue Gewohnheit anzueignen, als Sie sich vorgestellt haben. Nehmen Sie sich die Zeit, Ihre persönlichen Gewohnheiten zu studieren, und geloben Sie sich, die notwendigen Änderungen vorzunehmen. Die Qualität Ihres Lebens wird in hohem Maße von der Art Ihrer Gewohnheiten bestimmt.

6. November

Wenn Sie täglich eine Stunde an sich arbeiten, werden Sie innerhalb von dreißig Tagen mit Sicherheit beeindruckende Ergebnisse erzielen – vorausgesetzt, Sie tun die richtigen Dinge. Es dauert etwa einen Monat, eine neue Gewohnheit vollständig zu etablieren. Nach diesem Zeitraum werden die Verhaltensweisen, Strategien und Werkzeuge, die Sie sich angewöhnt haben, wie eine zweite Haut sitzen. Das Wichtigste ist, dass Sie sie jeden Tag praktizieren, wenn Sie die Ergebnisse sehen wollen. Hingabe ist etwas sehr Machtvolles.

7. NOVEMBER

Wie Sie Ihren Körper vorbereiten, so bereiten Sie auch Ihren Geist vor. Wie Sie Ihren Körper trainieren, so trainieren Sie auch Ihren Geist. Nehmen Sie sich jeden Tag etwas Zeit, um den Tempel Ihres Körpers durch kraftspendende Übungen zu stärken. Bringen Sie Ihr Blut in Bewegung und Ihren Körper in Schwung. Eine Woche hat 168 Stunden. Mindestens fünf dieser Stunden sollten Sie in irgendeine Form von körperlicher Aktivität investieren. Gesundheit ist etwas, das die meisten von uns als selbstverständlich ansehen, bis wir sie verlieren. Lassen Sie nicht zu, dass Ihnen das passiert.

8. November

Entwickeln Sie eine Lust am Lernen. Lesen Sie regelmäßig. Eine halbe Stunde Lesen am Tag wird Wunder bewirken. Lesen Sie aber nicht einfach irgendetwas. Seien Sie sehr wählerisch bei dem, was Sie in den Garten Ihres Geistes lassen. Es muss besonders nahrhaft sein. Es sollte etwas sein, das sowohl Sie als auch die Qualität Ihres Lebens verbessern wird. Etwas, das Sie inspirieren und erheben wird.

9. November

Laut der Zeitschrift *U.S. News & World Report* verbringen Sie im Laufe Ihres Lebens acht Monate damit, Junk-Mails zu öffnen, zwei Jahre damit, erfolglos Anrufe zu beantworten, und fünf Jahre damit, Schlange zu stehen. In Anbetracht dieser verblüffenden Tatsache ist es eine der einfachsten und zugleich klügsten Zeitmanagement-Strategien, die Sie verfolgen können, wenn Sie niemals ohne ein Buch unter dem Arm irgendwohin gehen. Während andere in der Schlange stehen und sich beschweren, entwickeln Sie sich weiter und füttern Ihren Geist mit Ideen, die Sie in guten Büchern finden.

10. November

Einsamkeit und Ruhe verbinden Sie mit Ihrer kreativen Quelle und setzen die grenzenlose Intelligenz des Lebens frei.

11. November

Nehmen Sie sich Zeit zum Nachdenken. Machen Sie es sich zur Gewohnheit, regelmäßig zu reflektieren. Indem Sie sich anschauen, was Sie tun, wie Sie Ihren Tag verbringen und welche Gedanken Sie haben, verschaffen Sie sich einen Maßstab, mit dem Sie Verbesserungen messen können. Die einzige Möglichkeit, sich morgen zu verbessern, ist zu wissen, was man heute falsch gemacht hat.

12. November

Um sich von dem geistigen Durcheinander zu befreien, das Ihre Probleme erzeugen, sollten Sie alle Ihre Sorgen auf einem Blatt Papier aufschreiben. Dann können diese sich nicht mehr in Ihrem Kopf festsetzen und Ihnen wertvolle Energie entziehen. Diese einfache Übung ermöglicht es Ihnen auch, Ihre Probleme ins rechte Licht zu rücken und sie in geordneter, geplanter Reihenfolge anzugehen. Sie hilft Ihnen, Ihre Freiheit zu erlangen und die Vergangenheit loszulassen.

13. November

Die zehn Minuten vor dem Einschlafen und die zehn Minuten nach dem Aufwachen haben einen großen Einfluss auf Ihr Unterbewusstsein. Lassen Sie in dieser Zeit nur die inspirierendsten und heitersten Gedanken zu.

14. November

Denken Sie daran, dass die *Qualität* und nicht die Quantität des Schlafs am wichtigsten ist. Es ist besser, sechs Stunden ununterbrochen zu schlafen, als sich zehn Stunden unruhig im Bett zu wälzen und immer wieder aufzuwachen. Es geht darum, dem Körper Ruhe zu gönnen, damit sich seine natürlichen Prozesse neu regulieren und somit die physische Verfassung wiederherstellen können, die durch den Stress und die Mühen des Alltags geschwächt wurde.

15. November

Lachen ist Medizin für die Seele. Auch wenn Ihnen nicht danach ist, schauen Sie in den Spiegel und lachen Sie. Sie können gar nicht anders, als sich fantastisch zu fühlen. William James, der Vater der modernen Psychologie, stellte in diesem Zusammenhang fest: »Wir lachen nicht, weil wir glücklich sind. Wir sind glücklich, weil wir lachen.« Beginnen Sie also Ihren Tag entspannt und locker. Lachen Sie, spielen Sie und bedanken Sie sich für alles, was Sie haben. Jeder Tag wird ein herrlich lohnender Tag sein, wenn Sie es nur wollen.

16. November

Dinge aufzuschreiben ist eine unglaublich hilfreiche Übung zur Selbsterkenntnis. Die Disziplin des Tagebuchschreibens verändert das Leben. So wie man einen anderen Menschen durch tiefgreifende Gespräche kennenlernt, lernt man sich selbst durch das Schreiben kennen, wenn man jeden Morgen ein Tagebuch führt. Schreiben fördert die Klarheit, und Klarheit geht der Beherrschung voraus. Und da Ihr Leben es wert ist, gelebt zu werden, ist Ihr Leben es auch wert, aufgezeichnet zu werden.

17. November

Für die meisten Menschen ist der Schlaf wie eine Droge. Sie nutzen ihn, um sich abzulenken und sich die Zeit zu vertreiben. Wenn Menschen ein Leben zu führen beginnen, das nicht übereinstimmt mit ihrem bestmöglichen Leben und ihren höchsten Möglichkeiten, beginnt sich in ihnen ein Quell des Schmerzes zu bilden. Die meisten Menschen sind sich dessen nicht bewusst – es geschieht auf der unterbewussten Ebene –, aber das bedeutet nicht, dass dieser Schmerz nicht da ist und sie in jedem Moment, bei jeder Entscheidung und auf jeder Ebene beeinflusst. Viele von uns nutzen den Schlaf, um diesem Schmerz zu entgehen, um zu fliehen. Aber wenn man seine Berufung gefunden hat, wird man von Begeisterung und Erregung erfasst. Und je größer die Begeisterung für diese Berufung und für Ihr Leben im Allgemeinen ist, desto weniger werden Sie schlafen müssen – oder schlafen wollen.

18. November

Nehmen Sie sich jeden Tag etwas Zeit für die persönliche Erneuerung. Zeit, die Sie damit verbringen, Ihre Batterien wieder aufzuladen, ist nie eine Verschwendung, sondern ein notwendiger Aspekt bei der Erbringung von Spitzenleistung. Bei Erholung geht es um Neuschöpfung.

19. November

Eine Studie mit 17 000 Harvard-Absolventen ergab, dass jede Stunde, die man Sport treibt, das Leben um drei Stunden verlängert. Das ist ein hervorragender Ertrag für diese Investition. Wie die Weisen sagen: Wer sich keine Zeit für Bewegung nimmt, muss sich irgendwann Zeit für Krankheit nehmen.

20. November

Sie können nicht jede Woche einen langen Urlaub machen, einen kurzen aber schon. Ein Mini-Urlaub beginnt damit, dass Sie die Tür zu Ihrem Büro schließen, alle Anrufe unterdrücken und sich in Ihrem Stuhl entspannen. Schließen Sie dann die Augen und atmen Sie tief ein. Sobald Sie sich tiefenentspannt fühlen, stellen Sie sich vor, Sie wären an Ihrem Lieblingsurlaubsort. Sehen Sie die Farben, hören Sie die Geräusche und spüren Sie die Emotionen, die dieser besondere Ort hervorruft. Schon ein paar Minuten dieser kleinen mentalen Flucht werden Sie verjüngen und auf den Rest des Tages vorbereiten.

21. NOVEMBER

Musik kann unsere Stimmung heben, uns ein Lächeln ins Gesicht zaubern und unsere Lebensqualität unermesslich steigern. Fangen Sie an, Musik zu hören, die Sie inspiriert. Legen Sie eine Sammlung Ihrer Lieblingsstücke und -songs an und spielen Sie etwas, das Ihr Herz an jedem Tag der Woche mit Freude erfüllt. Schon ein paar Minuten Musik pro Tag sind ein einfaches, aber äußerst wirkungsvolles Mittel, um Ihre Stimmung zu beeinflussen und in Bestform zu bleiben.

22. November

Die Art und Weise, wie Sie Ihren Tag beginnen, bestimmt die Art und Weise, wie Sie Ihren Tag leben werden. Ich nenne die ersten dreißig Minuten nach dem Aufwachen »Die goldenen dreißig«, denn sie sind wirklich die wertvollsten Momente Ihres Tages und haben einen tiefgreifenden Einfluss auf die Qualität jeder folgenden Minute. Wenn Sie die Weisheit und die Selbstdisziplin aufbringen, in dieser wichtigen Zeit nur die reinsten Gedanken zu denken und nur die besten Handlungen auszuführen, werden Sie feststellen, dass sich Ihre Tage durchweg auf wunderbare Weise entfalten werden.

23. November

Stress ist an sich keine schlechte Sache. Er kann uns oft helfen, Höchstleistungen zu erbringen, über unsere Grenzen hinauszuwachsen und Dinge zu erreichen, die uns sonst schwerfallen würden. Das Problem besteht vielmehr darin, dass wir in diesem Zeitalter der weitverbreiteten Angst nicht genügend Stress abbauen können. Um sich zu revitalisieren und Ihr Innerstes zu stärken, sollten Sie eine wöchentliche Ruhephase einplanen – ein wöchentliches Sabbatical –, um auch die einfacheren Freuden des Lebens wieder zu genießen, die Sie vielleicht aufgegeben haben, als Ihre Tage immer hektischer wurden und Ihr Leben an Komplexität zunahm. Ihr wöchentliches Sabbatical muss nicht einen ganzen Tag umfassen. Alles, was Sie brauchen, sind ein paar Stunden allein, vielleicht an einem ruhigen Sonntagmorgen, in denen Sie die Dinge tun können, die Sie am liebsten tun.

24. NOVEMBER

Eine einfache Technik zur Neuformierung Ihres Bewusstseins besteht darin, dass Sie sich einen bestimmten Satz zurechtlegen, auf den Sie sich im Laufe des Tages zu verschiedenen Zeiten konzentrieren. Wenn Sie Frieden und Ruhe im Inneren anstreben, könnte dieses Mantra, wie man einen solchen Satz auch nennt, zum Beispiel lauten: »Ich bin dankbar, dass ich ein gelassener und ruhiger Mensch bin.« Wenn Sie sich mehr Selbstvertrauen wünschen, könnte Ihr Mantra lauten: »Ich freue mich, dass ich voller Zuversicht und grenzenlosem Mut bin.« Wenn es Ihnen um materiellen Wohlstand geht, könnte Ihr Spruch lauten: »Ich bin so dankbar, dass Geld in mein Leben fließt und sich neue Chancen eröffnen.« Wiederholen Sie Ihre Mantras leise, während Sie zur Arbeit gehen, wenn Sie in der Schlange warten oder das Geschirr abwaschen, um ansonsten unproduktive Momente Ihres Tages mit einem kraftvollen Impuls zur Lebensverbesserung zu füllen. Versuchen Sie, Ihr persönliches Mantra mindestens vier Wochen lang mindestens zweihundertmal am Tag zu wiederholen. Die Ergebnisse werden tiefgreifend sein, und Sie werden einen riesigen Schritt machen auf dem Weg zu Frieden, Wohlstand und Wohlbefinden. Wir werden zu dem, wovon wir sprechen.

25. November

Mehr noch als durch Lachen können wir uns mit anderen verbinden, indem wir unseren Schmerz miteinander teilen. Wenn alle Menschen auf der Welt eine halbe Stunde lang zusammenkämen und all ihr persönliches Leid teilen würden, das sie im Laufe ihres Lebens erlitten haben, wären wir alle Freunde. Es gäbe keine Feinde. Es gäbe keine Kriege.

26. November

Eine einfache Strategie, mit der Sie die Gewohnheit überwinden können, sich ständig Sorgen zu machen, besteht darin, bestimmte Zeiten für die Sorgen einzuplanen, was ich »Sorgenpausen« nenne. Wenn wir mit einer Schwierigkeit konfrontiert sind, neigen wir oft dazu, uns die ganze Zeit darauf zu konzentrieren. Stattdessen empfehle ich Ihnen, feste Zeiten für Ihre Sorgen einzuplanen, zum Beispiel dreißig Minuten jeden Abend. Während dieser Zeit können Sie sich in Ihren Problemen suhlen und über Ihre Schwierigkeiten nachgrübeln. Aber wenn diese Zeit vorbei ist, müssen Sie sich zwingen, Ihre Probleme hinter sich zu lassen und etwas Produktiveres zu tun – wie zum Beispiel einen Spaziergang in der Natur zu unternehmen oder ein inspirierendes Buch zu lesen oder ein tiefgehendes Gespräch mit jemandem zu führen, der Ihnen nahesteht. Wenn Sie zu anderen Zeiten des Tages das Bedürfnis verspüren, sich Sorgen zu machen, halten Sie in einem Notizbuch fest, worüber Sie sich Sorgen machen wollen, und nehmen Sie es mit in Ihre nächste Sorgenpause. Diese einfache, aber wirkungsvolle Technik wird Ihnen helfen, die Zeit, die Sie mit Sorgen verbringen, allmählich zu reduzieren und diese Gewohnheit schließlich für immer hinter sich zu lassen.

27. NOVEMBER

Das Geschenk des Wissenszeitalters, in dem wir leben, besteht darin, dass Sie und ich und alle Menschen um uns herum das Privileg haben, jeden Tag Zeit mit den größten Denkern zu verbringen, die bislang auf der Erde gelebt haben. Wir können uns mit den erstaunlichsten Menschen der Welt anfreunden – wann immer wir wollen – durch Bücher, Audio-Downloads und CDs, durch Videos und andere Bildungsmedien. Wenn man Zeit mit den weisesten Menschen der Geschichte verbringt, geht man unweigerlich als ein grundsätzlich besserer Mensch aus dieser Erfahrung hervor. Ihr Sternenstaub färbt auf Sie ab.

28. November

Je besser Sie Ihrer Angst eine Stimme geben können, desto mehr wird die Angst durch Sie hindurchgleiten. Je mehr Sie darüber sprechen können, desto mehr kommen die verborgenen Schatten ans Licht, wo man sie untersuchen und loslassen kann.

29. November

Fangen Sie an, Ihre Familie als Ihre persönliche Gemeinschaft zu sehen und als den Ort, an dem die meiste persönliche Zufriedenheit zu finden ist. Unsere schönsten Momente sind jene, die wir mit den Menschen verbringen, die wir lieben. Werden Sie sich klar darüber, dass Sie durch Ihre Familie ein besseres Verständnis von sich selbst erlangen und mehr Einsicht, Wissen und Weisheit entwickeln können. Durch Ihre Familie können Sie Ihre Menschlichkeit steigern und Ihre innere Stärke verwirklichen. Die Kunst der Lebensführung beginnt in Ihrem Zuhause. Ihre Familie ist Ihr Fundament, wie die Startrampe einer Rakete: Wenn sie sicher und vollkommen in Ordnung ist, können Sie in ungeahnte Höhen aufsteigen.

30. November

Ihre Kinder können Sie am besten dazu inspirieren, sich zu jener Art von Erwachsenen zu entwickeln, von der Sie träumen, wenn Sie selbst die Art Mensch werden, als die Sie sich Ihre Kinder wünschen. Alle Kinder glauben, dass die Art und Weise, wie sich ihre Eltern verhalten, die richtige Art sei. Durch Ihr eigenes Verhalten zeigen Sie ihnen, wie sie sich verhalten sollen. Ihre Werte und Überzeugungen werden zu den Werten und Überzeugungen Ihrer Kinder. Ihre negativen Verhaltensmuster werden unweigerlich auch zu deren negativen Mustern. Denken Sie daran, dass Ihre Kinder jeden Ihrer Schritte beobachten.

Dezember

AUSSERGEWÖHNLICHE BEZIEHUNGEN AUFBAUEN

DIE REISE DES LEBENS GENIESSEN

1. Dezember

Das zweitbeste Geschenk neben gemeinsam verbrachter Zeit, das Sie Ihren Kindern machen können, ist das Geschenk eines guten Beispiels.

2. Dezember

Die Wahrheit zu sagen bedeutet, dass man aus dem Herzen spricht. Viel zu viele Menschen in unserer Welt sprechen nur in den Worten, von denen sie wissen, dass die Menschen um sie herum sie hören wollen. Sie benutzen ihre Worte, um zu manipulieren und zu kontrollieren, anstatt ihre wahren Gefühle auszudrücken und jene Art von Verständnis aufzubauen, die stets zu größerer Liebe führt. Indem sie Worte benutzen, die nicht widerspiegeln, was sie wirklich meinen oder wie sie sich wirklich fühlen, leben sie in einem Zustand geistiger Unehrlichkeit. Nur wenn Sie die Wahrheit sagen – wenn Sie sagen, was Sie wirklich fühlen, glauben und wissen –, werden Sie in der Lage sein, die Führungspersönlichkeit zu werden, die Sie sein sollen. Sprechen Sie Ihre Wahrheit aus – auch wenn Ihre Stimme bricht.

3. Dezember

Damit Ihnen jemand zu helfen bereit ist, müssen Sie sein Herz berühren. Seien Sie wie die Sonne: Die Sonne gibt alles, was sie geben kann. Und im Gegenzug wachsen ihr alle Blumen, Bäume und Pflanzen entgegen.

4. Dezember

Die kleinen Dinge sind eigentlich die großen. Welche kleinen Taten können Sie heute vollbringen, um die Bande zwischen Ihnen und den Menschen, die Sie am meisten schätzen, zu vertiefen? Welche zufälligen Gesten der Freundlichkeit und welche beiläufigen Gesten der Schönheit können Sie jemandem anbieten, um seinen Tag ein wenig besser zu machen? Die Ironie an der Sache ist, dass man sich selbst besser fühlt, wenn man anderen etwas gibt.

5. Dezember

Zu viele Menschen glauben, dass zuhören nichts anderes bedeutet, als darauf zu warten, dass die andere Person aufhört zu reden. Und was noch schlimmer ist: Während diese Person spricht, nutzen wir die Zeit nur allzu oft, um unsere eigene Antwort zu formulieren, anstatt uns in das Gesagte einzufühlen. Wenn Sie sich die Zeit nehmen, den Standpunkt des anderen wirklich zu verstehen, zeigt das, dass Sie sein Anliegen zu schätzen wissen und sich für ihn als Person interessieren. Wenn Sie anfangen, sich in den Gesprächspartner hineinzuversetzen, und versuchen, die Welt aus seiner Perspektive zu sehen, werden Sie eine tiefe Verbindung zu ihm herstellen und eine vertrauensvolle Beziehung aufbauen, die Bestand hat.

6. DEZEMBER

Konzentrieren Sie sich darauf, Ihre Selbstbeziehung wiederaufzubauen. Lernen Sie Ihre tiefsten und wahrhaftigsten Werte kennen. Lernen Sie Ihre Vorlieben und Prioritäten kennen – und zwar nicht jene, die Ihnen von anderen als die wichtigsten vermittelt wurden, sondern jene, die Sie selbst als am wertvollsten empfinden. Und denken Sie daran, dass Sie nicht geben können, was Sie nicht haben. Um andere zu lieben, müssen Sie zuerst sich selbst lieben.

7. Dezember

Vergebung ist ein großer Akt des Geistes und des persönlichen Mutes. Sie ist auch eine der besten Möglichkeiten, die Qualität des eigenen Lebens zu verbessern. Ich habe herausgefunden, dass jede Minute, die man damit verbringt, über jemanden nachzudenken, der einem unrecht getan hat, einen forttreibt von einem viel wertvolleren Ziel: jene Menschen anzuziehen, die einem helfen werden.

8. Dezember

Etwas zu sagen, was wir nicht ernst meinen, wird zur Gewohnheit, wenn wir es lange genug praktizieren. Das eigentliche Problem ist, dass man seine Glaubwürdigkeit verliert, wenn man sein Wort nicht hält. Wenn man seine Glaubwürdigkeit einbüßt, zerstört man das Band des Vertrauens. Und die Zerstörung des Vertrauens führt letztlich zum Zerbrechen aller Beziehungen. Seien Sie ein Mensch, der zu seinem Wort steht, anstatt nur zu reden und nichts zu tun. Sagen Sie, was Sie meinen, und meinen Sie, was Sie sagen. Diese einfache Übung wird große Wirkung zeigen.

9. Dezember

Worte sind nur Schall und Rauch, und die Beweise lügen nie. Sie können der Welt erzählen, dass Ihre Familie an erster Stelle steht, aber wenn Sie an den meisten Tagen der Woche das Familienessen wegen geschäftlicher Besprechungen verpassen, dann ist es eine Tatsache, dass Ihre Familie für Sie nicht den Vorrang hat. Sie können die Macht des Lesens predigen und Ihren Kindern gute Bücher empfehlen, aber wenn Sie den Großteil Ihrer Freizeit damit verbringen, Sitcoms im Fernsehen anzuschauen, dann besitzt Lernen für Sie nicht die Priorität, die Sie nach außen kommunizieren.

10. Dezember

Ihre wichtigste Aufgabe als Eltern ist es, das Vertrauen zu stärken. Vertrauen ist der Grundstein jeder großartigen Familienkultur.

11. Dezember

Die Pflege guter Freundschaften ist einer der sichersten Wege, um mehr Glück und Freude im Leben zu finden. Jüngste Studien zeigen, dass Menschen, die einen großen Freundes- und Familienkreis haben, länger leben, mehr lachen und sich weniger Sorgen machen. Doch wie alle anderen guten Dinge im Leben erfordern auch Freundschaften Zeit, Energie und Engagement. Um tiefere Freundschaften aufzubauen, müssen Sie bereit sein, Ihre Komfortzone zu verlassen, das Eis bei Menschen zu brechen, die Sie vielleicht noch nicht besonders gut kennen, und ihnen aufrichtige Warmherzigkeit entgegenzubringen. Wenn Sie die Saat der Freundschaft säen, werden Sie eine reiche Ernte an großartigen Freunden einfahren.

12. Dezember

Eltern zu sein, ist zwar eine große Freude, aber auch ein Privileg, das mit einer enormen Verantwortung verbunden ist. Wir müssen die Fähigkeiten von hervorragenden Eltern entwickeln. Wir können nicht einfach hoffen, dass die Art und Weise, wie wir unsere Kinder erziehen, die richtige ist, und für das Glück beten, dass sie zu aufmerksamen, fürsorglichen und klugen Erwachsenen werden. Wir müssen die Initiative ergreifen, um unsere Erziehungsfähigkeiten zu verbessern, indem wir Seminare besuchen, Bücher lesen und uns Audioprogramme von führenden Denkern auf diesem Gebiet anhören. Dann müssen wir den Mut aufbringen, die Ideen, die wir bei der Feldforschung in unserem eigenen Leben entdecken, weiter zu verfeinern, um die Erziehungsstrategien zu finden, die für unsere Familie am besten geeignet sind. Diese wunderbaren Jahre der Kindheit Ihrer Söhne und Töchter werden nie wiederkehren. Handeln Sie also entsprechend.

13. DEZEMBER

Wir sind alle auf einer unsichtbaren Ebene miteinander verbunden. Wir sind alle Brüder und Schwestern, die zur selben Familie gehören. Es ist nur eine Illusion, dass wir voneinander getrennt seien. Die Weisen haben uns das schon vor Jahrtausenden gesagt – wir sind alle aus demselben Holz geschnitzt, und wenn Sie einen anderen Menschen verletzen, verletzen Sie sich auch selbst. Seien Sie der freundlichste Mensch, den Sie kennen.

14. Dezember

Es ist leicht, andere zu verurteilen, selbst diejenigen, die man am meisten liebt. Wir kritisieren die Art und Weise, wie jemand isst oder wie die Person spricht. Wir konzentrieren uns auf die kleinsten Details und bemängeln die kleinsten Dinge. Aber das, worauf wir uns fokussieren, wächst und gewinnt immer mehr an Bedeutung. Und wenn wir uns immer wieder auf eine kleine Schwäche bei jemandem konzentrieren, wird sie in unseren Köpfen weiterwachsen, bis wir sie als ein großes Problem bei dieser Person wahrnehmen. Um ein glücklicheres, ausgeglicheneres Leben zu führen, sollten Sie erkennen, dass der Reichtum unserer Gesellschaft aus ihrer Vielfalt resultiert. Was Beziehungen, Gemeinschaften und Länder großartig macht, sind nicht die Gemeinsamkeiten, sondern die Unterschiede, die unsere Einzigartigkeit unterstreichen. Suchen Sie nicht immer nach Dingen, die Sie an Ihren Mitmenschen kritisieren können, sondern fangen Sie an, die Unterschiede zu respektieren.

15. Dezember

Es ist etwas Besonderes, in der Gegenwart eines Menschen zu sein, der wahrhaft bescheiden ist. Bescheidenheit zeigt, dass man andere respektiert, und erinnert uns daran, dass wir noch so viel zu lernen haben. Sie signalisiert den Menschen in Ihrer Umgebung, dass Sie bereit sind, ihr Wissen anzunehmen und sich anzuhören, was sie zu sagen haben. Je reifer man als Mensch ist, desto weniger muss man sich anderen beweisen.

16. Dezember

Es heißt, dass Lachen die kürzeste Verbindung zwischen menschlichen Herzen sei. Wenn wir zusammen lachen, fallen all die sozialen Strukturen weg, die uns trennen, und wir verbinden uns als echte Menschen. Das ist ein wunderschöner Anblick.

17. DEZEMBER

Wenn Sie anderen die Schuld geben für die Dinge, die Sie ärgern oder irritieren, verpassen Sie eine wertvolle Chance, mehr über die Schatten zu erfahren, die Sie beherrschen. Sie verzichten auf die Chance, in die Tiefe zu gehen und das, was sich im Unterbewusstsein befindet, in den Bereich des Bewusstseins zu heben, wo es geheilt und losgelassen werden kann. Andere zu beschuldigen bedeutet, sich selbst zu entschuldigen.

18. Dezember

Erkennen Sie, dass das Edelste, was Sie tun können, darin besteht, anderen zu geben. Die Weisen des Ostens nennen diesen Prozess das »Ablegen der Fesseln des Selbst«. Es geht darum, sein Selbstbewusstsein zu verlieren und sich auf ein höheres Ziel auszurichten. Dies kann in der Form geschehen, dass Sie den Menschen in Ihrer Umgebung mehr geben, sei es in Form Ihrer Zeit oder Ihrer Energie: Dies sind Ihre beiden wertvollsten Ressourcen.

19. Dezember

Mitgefühl und tägliche Taten der Freundlichkeit machen das Leben reicher. Nehmen Sie sich die Zeit, jeden Morgen über das Gute nachzudenken, das Sie im Laufe des Tages für andere tun wollen. Die aufrichtigen Worte des Lobes für diejenigen, die es am wenigsten erwarten, die Gesten der Wärme, die Sie Freunden in Not anbieten, die kleinen Zeichen der Zuneigung für Mitglieder Ihrer Familie ohne konkreten Grund – all dies summiert sich zu einer wesentlich schöneren Art zu leben.

20. Dezember

Erleben Sie die Kindheit Ihrer Kinder. Nur weniges ist so bedeutsam, wie die Kindheit der eigenen Kinder mitzuerleben. Was nützt es, die Stufen des Erfolgs zu erklimmen, wenn man die ersten Schritte der eigenen Kinder verpasst hat?

21. Dezember

Es ist eine seltsame Welt, in der wir leben. Wir können eine Nachricht zielgenau in die ganze Welt schicken, aber wir haben Schwierigkeiten, über die Straße zu gehen, um mit einem neuen Nachbarn zu reden. Wir verbringen viel Zeit vor dem Fernseher, statt uns mit unseren Kindern zu unterhalten. Wir sagen, wir wollen die Welt verändern, sind aber nicht bereit, uns selbst zu verändern. Und wenn dann die Sonne über unserem Leben untergeht und wir uns etwas Zeit zum Nachdenken gönnen, erhaschen wir einen Blick auf die Freuden, die wir hätten erleben können, die Freundlichkeiten, die wir hätten geben können, und die Menschen, die wir hätten sein können. Aber dann ist es zu spät.

22. Dezember

Liebe ist etwas, wovon wir mehr brauchen in dieser Welt. Und damit meine ich nicht nur die Liebe zu anderen Menschen. Wir müssen auch unserer Arbeit Liebe entgegenbringen. Wir müssen unserer Umgebung Liebe entgegenbringen, und vor allem müssen wir uns selbst Liebe entgegenbringen. Nur dann können wir unsere Liebe wirklich voll und ganz an andere Menschen weitergeben. Alles, was Sie im Laufe Ihres Lebens tun, sollte von Liebe zeugen.

23. Dezember

Wenn Sie jemandem nicht vergeben haben, ist es fast so, als würden Sie diese Person auf Ihrem Rücken tragen – und das ist eine sehr schwere Last. Doch wenn Sie ihr vergeben, lassen Sie sie los. Sie können endlich Ihr Leben weiterleben. Diese Person zieht Sie nicht mehr herunter. Sie werden als Mensch viel freier.

24. Dezember

Jemandem zu vergeben ist etwas anderes, als das Verhalten dieser Person zu dulden. Verzeihen bedeutet einfach zu erkennen, dass schmerzerfüllte Menschen schmerzhafte Dinge tun. Ich möchte Sie ermutigen zu verstehen, dass Menschen, die andere Menschen verletzen, selbst verletzt wurden. Menschen, die sich selbst nicht lieben, können anderen keine Liebe entgegenbringen. Und Menschen, die keine Selbstachtung haben, wissen nicht, wie sie anderen Achtung bezeugen können.

25. Dezember

Wissen Sie, wie glücklich sich jeder Mensch auf der Erde fühlen würde, wenn er sich jeden Tag ein wenig Zeit nehmen würde, um anderen einen größeren Dienst zu erweisen? Denken Sie bitte an die Freude, die in einem Menschen aufsteigt, wenn er sich dafür einsetzt, für andere Menschen einen echten und dauerhaften Wert zu schaffen. Anderen Menschen dabei zu helfen, ihre Träume zu verwirklichen, ist aus diesem Blickwinkel betrachtet ein großes Geschenk, das Sie sich selbst machen. Aber zu viele Menschen erkennen diese Wahrheit nicht.

26. Dezember

Fangen Sie an, das Leben wieder zu verehren und alle seine Wunder zu feiern. Erwecken Sie die Macht, die Sie haben, um etwas zu bewirken. Dann wird Ihnen das Leben auf herausragende Weise helfen, Wunder zu vollbringen.

27. DEZEMBER

Tun Sie, was erforderlich ist, um Liebe zum Leben zu entwickeln. Nehmen Sie sich die Zeit, sich für die einfachen Freuden des Lebens zu begeistern, für die Freuden, die Ihnen als Kind viel bedeutet haben. Die meisten von uns wissen nicht zu schätzen, was wir haben, bis wir es verlieren.

28. Dezember

Das Leben ist etwas sehr Zerbrechliches. Es ist ein unbezahlbarer Schatz, der uns gegeben wurde, damit wir ihn hüten und nach besten Kräften nutzen. Die Tatsache, dass es nicht wiederkommen wird, macht es so heilig.

29. Dezember

Nehmen Sie sich vor, ein Mensch zu werden, der sein Leben in einem Zustand der Dankbarkeit und der positiven Erwartung lebt. Träumen Sie große Träume, aber genießen Sie auch den Ort, an dem Sie sich jeweils befinden. Der Weg ist ebenso schön wie das Ziel. Wenn Sie sich diese Geisteshaltung bewahren können, wird das Leben Sie mit Sicherheit mit seiner Fülle überschütten.

30. Dezember

Das Leben ist ein Spiel. Nehmen Sie es nicht zu ernst. Haben Sie Spaß. Tanzen Sie, lachen Sie, lieben Sie. Und bewahren Sie sich eine vielfältige Perspektive.

31. Dezember

Amüsieren Sie sich, während Sie auf dem Weg zu Ihren Zielen, Absichten und Träumen voranschreiten. Vergessen Sie nie, wie wichtig es ist, mit unbändiger Lebensfreude zu leben. Vergessen Sie nie, die exquisite Schönheit in allen lebenden Dingen zu sehen. Der heutige Tag und dieser Moment, den Sie und ich teilen, sind ein Geschenk. Seien Sie temperamentvoll, freudig und neugierig. Konzentrieren Sie sich auf Ihr Lebenswerk und auf den selbstlosen Dienst an anderen. Und haben Sie viel Spaß und Freude dabei, denn Ihr Leben ist ein Schatz, den es zu feiern gilt.

ÜBER DEN AUTOR

Robin S. Sharma gilt als einer der weltweit führenden Experten für Leadership und persönliche Entwicklung. Er ist Autor von internationalen Bestsellern wie *The Greatness Guide* und *Wer wird um dich weinen, wenn du nicht mehr bist?* und CEO von Sharma Leadership International, einem kleinen Coachingunternehmen mit einer einfachen Mission: Menschen und Organisationen zu helfen, Weltklasse zu werden. Zu seinen Kunden zählen Microsoft, Nike, FedEx, BP, IBM und GE. Auf seiner beliebten Website www.robinsharma.com finden Sie seinen Blog, seine Podcasts und robinsharmaTV sowie alle Informationen, wie Sie ihn für eine Präsentation buchen können.